Das höhere Schulwesen in Preußen im 19. Jahrhundert

von

Lucas Lohbeck

Tectum Verlag
Marburg 2005

Lohbeck, Lucas:
Das höhere Schulwesen in Preußen im 19. Jahrhundert
/ von Lucas Lohbeck
- Marburg : Tectum Verlag, 2005
ISBN 978-3-8288-8914-9

© Tectum Verlag

Tectum Verlag
Marburg 2005

Meiner Familie

Inhalt

0. Einleitung...9

1. Die klassisch-idealistische Epoche – Der neue Humanismus 11
   1.1 Allgemeine Tendenzen des Zeitalters.............................11
   1.2 Die Umgestaltung des höheren Schulwesens auf neuhumanistischer Grundlage 13
      1.2.1 Wilhelm von Humboldt......................................14
      1.2.2 Die Schulpläne Humboldts.................................15
         1.2.2.1 Qualifizierung der Gymnasiallehrer und Begründung eines eigenen Gymnasiallehrerstandes 17
         1.2.2.2 Einführung der Abiturientenprüfung und Grenzbestimmung zwischen Gymnasium und Universität 18
         1.2.2.3 Der Lehrplan des Gymnasiums und seine Ausgestaltung....20
      1.2.3 Süverns Entwurf von 1819......................................23
      1.2.4 Auf- und Ausbau der staatlichen Schulverwaltung...................25
   1.3 Der Ausbau des neuen Gymnasiums in Preußen 1818 – 1840.......26
      1.3.1 Freiherr von Altenstein und Johannes Schulze 26
      1.3.2 Reglementierung des höheren Schulwesens 27
      1.3.3 Die Überbürdungsdebatte 30
      1.3.4 Abschließende Kodifikation der Verordnungen über das höhere Schulwesen in den dreißiger Jahren.....................35
         1.3.4.1 Reglement der Lehrerprüfung 35
         1.3.4.2 Reglement der Abiturientenprüfung......................36
         1.3.4.3 Reglement der Lehrordnung der Gymnasien................ 36

2. Das Zeitalter der Industrialisierung – Realismus versus Idealismus... 39
   2.1 Allgemeine Tendenzen des Zeitalters...........................39
   2.2 Das höhere Schulwesen zwischen Vormärz und Reaktion 41

2.2.1 Das Gymnasium in den Jahren vor der Revolution 1840 – 1848 42
    2.2.1.1 Gymnasialpolitik Friedrich Wilhelm IV – Das Ministerium Eichhorn 42
    2.2.1.2 Die Haltung des Ministeriums Eichhorn – Christliche versus humanistische Bildung 44
    2.2.1.3 Erfolglosigkeit der Bildungspolitik im Vormärz 45
2.2.2 Das Gymnasium während der Revolution 1848 – 1849 46
2.2.3 Das Gymnasium während der Phase der Reaktion 1850 – 1866 49
    2.2.3.1 Minister von Raumer – Ludwig Wiese 49
    2.2.3.2 Das Verhältnis von Altertum und Christentum 51
    2.2.3.3 Versuche zur Stärkung der Religion in den Gymnasien......52
    2.2.3.4 Konzentrationsstrebungen im Gymnasialunterricht – Die Lehrpläne von 1856 53
    2.2.3.5 Wirkung der Lehrpläne von 1856 56
2.3 Die Entwicklung der Realschule zum Realgymnasium 60
    2.3.1 Der Aufstieg der höheren Bürgerschule 60
    2.3.2 Das Reglement vom 8. März 1832 64
    2.3.3 Die Entwicklung der Realschulen nach der Revolution............67
    2.3.4 Unterrichts- und Prüfungsordnung von 1859 68
    2.3.5 Der Kampf des Realgymnasiums um die Universitätsberechtigung 70
2.4 Das höhere Schulwesen im letzten Drittel des 19. Jahrhunderts....74
    2.4.1 Annäherung der realistischen an die humanistischen Schulen ..74
        2.4.1.1 Politische Rahmenbedingungen – Das Ministerium Falk....74
        2.4.1.2 Die Lehrpläne von 1882 76
        2.4.1.3 Wirkung der Lehrpläne von 1882 77
    2.4.2 Versuch der Beseitigung des Realgymnasiums 80
        2.4.2.1 Die Schulkonferenz von 1890 81
        2.4.2.2 Die Lehrpläne von 1892 84

    2.4.2.3 Wirkung und Bewertung der Lehrpläne von 1892 87

    2.4.2.4 Kombinierte Anstalten – Altonaer und Frankfurter System 91

  2.4.3 Die Gleichberechtigung der höheren Schulen.........................91

    2.4.3.1 Der Fortgang des Schulstreits 91

    2.4.3.2 Die Schulkonferenz von 1900..95

    2.4.3.3 Der kaiserliche Erlass von 1900 – Die Gleichberechtigung...98

    2.4.3.4 Die Lehrpläne von 1901.. 99

3. Der späte Anschluss der höheren Mädchenbildung an das gymnasial-akademische Berechtigungswesen............................. 103

  3.1 Allgemeine Entwicklung des höheren Mädchenschulwesens zu Beginn der Industrialisierung...103

  3.2 Bestrebungen der aufkommenden Frauenbewegung....................106

  3.3 Die Berliner Konferenz über das Mädchenschulwesen von 1873 107

  3.4 Der Schulkampf der bürgerlichen Frauenbewegung....................109

  3.5 Bestimmungen über das Mädchenschulwesen von 1894 111

  3.6 Der Wandel der Haltung der preußischen Unterrichtsverwaltung – Die Mädchenschulkonferenz von 1906...................112

  3.7 Die Neuordnung des Mädchenschulwesens von 1908 114

4. Schlussbetrachtung 117

5. Literaturverzeichnis...119

0. Einleitung

„‚Tun am Denken, Denken am Tun zu prüfen, das ist die Summe aller Weisheit, von jeher anerkannt, von jeher geübt, nicht eingesehen von einem jeden', insbesondere aber von den Schulhäuptern der Humanisten und der Realisten"[1] ergänzte Blättner das Zitat Goethes in einem Rückblick auf den Schulstreit zwischen Humanismus und Realismus im 19. Jahrhundert. Während Goethe die Verbindung des Ideellen mit dem Praktischen pries, zog sich, ausgehend von Humboldt, die Schule der Griechenverehrung aus den Bezirken des praktischen Lebens zurück und widmete sich dem ewig Wahren und Schönen. Das 19. Jahrhundert hat den Idealismus Humboldts und die Ausklammerung alles Zweckmäßigen, Nützlichen und Brauchbaren aus der Schulbildung jedoch nicht bestätigt. Der das Jahrhundert durchziehende Kampf des humanistischen Prinzips mit dem verachteten Prinzip des Realismus endete mit einem klaren Sieg des realistischen Gedankens: die Gymnasien mussten Realien akzeptieren und schließlich den Realschulen die Gleichberechtigung zugestehen. Die Forderung nach Gleichberechtigung bestimmte auch einen weiteren, für die deutsche Schulgeschichte bedeutsamen, Konflikt: nach jahrzehntelangen Auseinandersetzungen der bürgerlichen Frauenbewegung mit der Regierung um die höhere Mädchenbildung vor allem im letzten Drittel des 19. Jahrhunderts wurde zu Beginn des 20. Jahrhunderts den Frauen das Tor zum Abiturientenexamen und zum Studium ein Stück weit geöffnet.

Die vorliegende Darstellung beschreibt diese Entwicklungen am Beispiel der preußischen Schulgeschichte. Die Ausklammerung der anderen deutschen Staaten ist neben der befürchteten Sprengung des Rahmens dieser Arbeit auch in der Tatsache begründet, dass Preußen, als mächtiger deutscher Bundesstaat, der auch den Bildungssektor dominierte und an dessen Schulwesen sich die kleineren Staaten orientierten, bis zu einem hohen Grade als repräsentativ für den deutschen Gesamtentwicklungsprozess angesehen werden kann.

Die Arbeit ist in drei Teile gegliedert. Im ersten Teil wird die Neuordnung und Ausgestaltung des höheren Schulwesens auf neuhumanistischer Grundlage vor dem Hintergrund der allgemeinen Tendenzen der klassisch-idealistischen Epoche dargestellt. Von besonderem Interesse ist hier der maßgeblich von Humboldt und Süvern beeinflusste Wandel der elementaren Nützlichkeitsschule in eine Bildungs-, Erziehungs- und Menschenschule, die der allgemeinen Menschenbildung verbunden ist. Der zweite Teil beschreibt vor dem Hintergrund des aufziehenden industriellen Zeitalters,

---

[1] Blättner, 1960, S. 80.

wie sich die Realien ihren Platz in der höheren Schulbildung erkämpften. In diesem Zusammenhang werden insbesondere die Anfeindungen gegen das Gymnasium bezüglich Inhalt und Umfang des Unterrichts, der Aufstieg der Realanstalten, der Wechsel des Paradigmas der allgemeinen Menschenbildung zur wissenschaftlichen Gesamtbildung und die zunehmende Bedeutung der staatsbürgerlichen Erziehung dargestellt. Die Entwicklung der höheren Mädchenbildung, von den äußerst heterogenen Erscheinungen der privaten Mädchenschulen über die Bemühungen der bürgerlichen Frauenbewegung bis zu ihrem Anschluss an das gymnasial-akademische Berechtigungswesen, bildet den Inhalt des letzten Teils der Darstellung.

1. Die klassisch-idealistische Epoche – Der neue Humanismus

Die klassisch-idealistische Epoche und insbesondere der Abschnitt der neuhumanistischen Bildungsreform „ist die gedankenreichste Zeit der preußischen Schulpolitik. Wie man die ganze Welt in dieser Periode spekulativ aus einem Ideenzusammenhang zu begreifen strebte, wie man den zu Boden geworfenen Staat neu auf Ideen zu gründen versuchte, so ist auch diese Schulreform nichts anderes als die reine Verwirklichung eines zur Herrschaft kommenden Bildungsideals, so rein, daß die realpolitischen Faktoren schonungslos diesem höheren Gesetz untergeordnet werden".[2]

1.1 Allgemeine Tendenzen des Zeitalters

Zu Beginn des 19. Jahrhunderts gewann eine seit etwa 1770 im heftigen Kampf mit der Aufklärung liegende geistige Gegenbewegung die Oberhand. Charakteristisch für das mit dieser Gegenbewegung einsetzende neue Zeitalter war, dass es die rationalistische und mechanistische Grundhaltung der Aufklärung auf allen Gebieten verwarf. Herder und Goethe, zwei der wichtigsten Vertreter der neuen Geisteshaltung, stimmten darin überein, dass die auf festgelegten Regeln beruhenden Erklärungsversuche der Aufklärung bei weitem nicht ausreichten, um „die Tiefe der Wirklichkeit zu fassen. Weder Gott oder die schöpferische Natur, noch auch der schaffende Menschengeist ist nach dem Modell des rechnenden, Pläne entwerfenden und ausführenden Mechanikers zu denken".[3] Rationale Erklärungsmuster wurden als nicht ausreichend abgelehnt, und das Irrationale trat hervor. Besonders deutlich äußerte sich dies in dem neuem Lebensgefühl, das sich beeinflusst von den Gedanken Rousseaus und Hamanns in einem kleinen Kreis der Jugend entwickelte. Diese Jugend, unter ihnen Herder, Goethe und Schiller, lehnte sich gegen „die Herrschaft des trockenen Verstandes"[4] auf und bevorzugte die Sinne, die Leidenschaft und den Enthusiasmus. Auch entdeckte sie den Blick für die Individualität aus der Zeit der Renaissance wieder. Insbesondere in dem literarischen Ausdruck ihres neuen Lebensgefühls, der „Sturm und Drang" - Dichtung, trat sie für die Freiheit des Individuums ein. Als Reaktion auf das überspannte Gesetzesdenken und die Regelungswut der Aufklärung bezog sich dieser Freiheitsdrang nicht nur auf das sittliche und künstlerische Gebiet, sondern auch auf das politische und soziale. Ein weiteres Kennzeichen der Bewegung war, wie-

---
[2] Spranger, 1960, S. 133.
[3] Paulsen, 1921, Bd. 2, S. 191.
[4] Reble, 1999, S. 175.

der in Anlehnung an die Renaissance, ein neues Erleben der Natur. Der verstandesmäßig-technischen, naturwissenschaftlichen, volkswirtschaftlichen und hygienischen Annäherung an die Natur in der Aufklärung wurde eine organisch-symbolische Betrachtung entgegengesetzt. Die Natur wurde nun als „lebendiges Wesen", als ein „Bruder des Menschen" aufgefasst. Ebenso wie im Menschen, glaubte man, würde in der Natur „ein Wogen von Kräften, ein dunkler Drang nach Gestalt und Ausdruck"[5] vorherrschen.

Diese nur kursorisch dargestellten Tendenzen prägten die ganze Epoche, wurden im letzten Jahrzehnt des 18. Jahrhunderts durch die sogenannte Klassik im engeren Sinn allerdings vorübergehend abgeschwächt. Als einen „großartigen Versuch einer Synthese gegensätzlicher Tendenzen" beschreibt Reble die Zeit der Klassik im engeren Sinne.[6]

Nach den Ansätzen, das rationale mit dem irrationalen Moment, die Freiheit mit dem Gesetz und religiöse Grundwerte der Überlieferung mit dem modernen Prinzip der Freiheit und Mündigkeit des Menschen zu vereinen, entwickelte sich um 1800 die dritte Stufe des klassisch-idealistischen Zeitalters, die Romantik. Als erneute Antithese zur Aufklärung überwog in ihr wieder, wie zur „Sturm und Drang" - Zeit, das irrationale Moment. Charakteristisch für die Romantik war, in Abgrenzung zum „Sturm und Drang", die Wirklichkeitsscheu. „Der Romantiker ist nicht der Mensch der Tat, sondern der Mensch der Sehnsucht".[7] Alles in der Ferne Liegende wie fremde Sprachen, Kulturen und auch vergangene Zeiten wurde verherrlicht. Auch metaphysische und religiöse Bedürfnisse traten angesichts der Sehnsucht nach Geborgenheit und Erlösung in den Vordergrund.

Die geistige Bewegung vom „Sturm und Drang" über die Klassik zur Romantik war nicht nur für die Literatur und die Philosophie, sondern insbesondere für den Bildungsgedanken von großer Bedeutung. „Bildung, das neue Wort, das gegen Ende des 18. Jahrhunderts in aller Munde ist, ist die Bezeichnung für das neue Lebensideal, das nun die Herrschaft ergreift, ein Ideal ästhetischer Geisteshaltung, persönlicher Kultur".[8] Im Zusammenhang mit klassischer und romantischer Dichtung und der Humanitätsphilosophie der Zeit formte sich „in mannigfaltiger Abwandlung das Humanitätsideal jener Epoche aus".[9] Mit der geistigen Gesamtbewegung verschmolz durch Friedrich August Wolf und Wilhelm von Humboldt der aus

---

[5] Reble, 1999, S. 177.
[6] Vgl. Reble, 1999, S. 178 ff.
[7] Reble, 1999, S. 180.
[8] Vgl. Paulsen, 1921, Bd. 2, S. 193.
[9] Reble, 1999, S. 181.

der Reformbewegung des gelehrten Unterrichts hervorgegangene philologische Neuhumanismus.[10]

Der Begriff Neuhumanismus impliziert, dass es einen älteren Humanismus gibt. Der Humanismus als Lehrmeinung bezeichnet, so Blankertz, die „Rückwendung der nachantiken Welt auf die als beispielhaft empfundene Norm vollendeten Menschentums in der Antike".[11] Während das Interesse des Humanismus, von dem man üblicherweise als Gelehrtenbewegung während der Renaissance spricht, vor allem der römischen Antike und dem ciceronianischen Latein galt, verlagerte sich das Interesse der neuhumanistischen Bewegung auf die alten Griechen. Blankertz unterscheidet zwei Auswirkungen des Mitte des 18. Jahrhunderts aufkommenden Neuhumanismus: zum einen die Altertumswissenschaft mit der Wendung zur Philologie und zum anderen die Pädagogik der deutschen Klassik als Theorie der Bildung des Menschen in Form einer harmonischen Entfaltung all seiner Kräfte aus dem Geist der Antike.[12] Die „allgemeinen Bildungstendenzen" der klassisch-idealistischen Bewegung „gelangten nun durch Humboldt und die folgenden Reformen in das Schulwesen hinein und schufen das humanistische Gymnasium. Durch das neuhumanistische Element der klassischen Epoche ist für 100 Jahre das Bildungsideal der harmonischen Totalität an die griechisch-römische Welt gekoppelt worden. Rein menschliche, harmonische Bildung, das war das ganze 19. Jahrhundert hindurch eben ‚humanistische' Bildung im Sinne des humanistischen Gymnasiums".[13]

1.2 Die Umgestaltung des höheren Schulwesens auf neuhumanistischer Grundlage

„In dem Jahrzehnt, das auf die Zertrümmerung des alten preußischen Staates durch Napoleon folgte, fand mit dem Neubau der gesamten Staatsverfassung auch der Neubau des Unterrichtswesens statt. Im gelehrten Schulwesen tritt an die Stelle der alten städtischen Lateinschule das auf der Grundlage des neuen Humanismus errichtete staatliche Gymnasium. Die bei dem Neubau in erster Reihe beteiligten Männer sind W. v. Humboldt, Süvern, Wolf und Schleiermacher".[14]

---

[10] Der Begriff „Neuhumanismus" ist, nach Blankertz, erst gegen Ende des 19. Jahrhunderts von Friedrich Paulsen eingeführt worden durch sein Buch „Geschichte des gelehrten Unterrichts auf den deutschen Schulen und Universitäten vom Ausgang des Mittelalters bis zur Gegenwart". Bd. 2: Der gelehrte Unterricht im Zeichen des Neuhumanismus. Leipzig 1885 (vgl. Blankertz, 1969, S. 44).
[11] Blankertz, 1982, S. 94.
[12] Vgl. Blankertz, 1982, S. 95.
[13] Reble, 1999, S. 186.
[14] Paulsen, 1921, Bd. 2, S. 278.

1.2.1 Wilhelm von Humboldt

Einen „griechischen Geist" nannte Paulsen Wilhelm von Humboldt und schrieb ihm eine vollendete Charakterbildung im Sinne der griechischen Ethik zu: „Eine theoretische, unbedürftige Seele, deren ruhige Heiterkeit durch Affekte nicht gestört wurde; mit feinster Empfänglichkeit für sinnlich-intellektuelles Genießen ausgestattet, lebte er mit ganzer Hingebung und Zuversicht, wie nur je ein Grieche, in der diesseitigen Welt, das Transzendente war für ihn nicht vorhanden".[15]

Als charakteristisch für Humboldt selbst und seine Zeit betrachtete Paulsen seinen Bildungsgang. Der Erziehung durch den Philanthropen Campe[16] und den Sohn des Superintendenten in Baruth, Kunth, folgte das Studium der Staatswissenschaften unter anderen in Göttingen. Nach der Vollendung des Studiums unternahm Humboldt nicht die noch einige Jahre früher für einen Universitätsabsolventen übliche längere Reise, um danach eine militärische oder politische Laufbahn anzutreten. Seine „Reise" führte ihn vielmehr in die geistige Welt des Hellenentums. Zehn Jahre widmete er sich dem Studium der Griechen, um „Kenntnis des Menschen" zu gewinnen, wie er in seiner Schrift „Über das Studium des Altertums und des Griechischen insbesondere" schrieb. Durch „das Studium der Griechen hoffe er sie zu erlangen, denn jenes Volk sei gleichsam die exemplarische Darstellung der Idee des Menschen".[17] In einem Brief an Friedrich August Wolf vom 31. März 1793 bemerkte Humboldt: „Ich kann es mit Wahrheit sagen, daß auch der Schatten von Lust, ein tätiges Leben in Geschäften zu führen, nie so sehr in mir erstorben ist, als seitdem ich mit dem Altertum irgend vertrauter bin".[18] Am 10. Februar 1809 wurde Humboldt als Leiter der Kultus- und Unterrichtssektion im preußischen Innenministerium berufen. Die Ernennung Humboldts schien zunächst fragwürdig, da er erstens kein direkter Bildungstheoretiker, zweitens kein Verwaltungsfachmann war und drittens keine Kenntnisse vom preußischen Unterrichtswesen hatte. Seine Qualifikationen lagen auf einer abstrakten Ebene. Durch sein Bildungsdenken, seine Ideenwelt und seinen Humanismus hielt man ihn für diese Aufgabe geeignet und auch deshalb, weil er die nötige Distanz und Unabhängigkeit hatte, um die anstehenden Probleme durch sachliche Ar-

---

[15] Paulsen, 1921, Bd. 2, S. 202.
[16] Auch wenn der spätere Philantropinist Joachim Heinrich Campe nur fünf Jahre (1769 -1774) für die früheste Erziehung der Brüder Wilhelm und Alexander von Humboldt verantwortlich war, so war „der Eindruck, den er hinterließ ... doch stark genug, daß seine Bücher auch später noch in der Lektüre und Belehrung der beiden Brüder eine große Rolle spielten" (s. Spranger, 1960, S. 19).
[17] Paulsen, 1921, Bd. 2, S. 203.
[18] Zitiert nach Blättner, 1960, S. 103.

gumentation zu lösen und dann die nötigen Reformen wirkungsvoll einzuleiten.[19] Am 28. Februar 1809 nahm er die Stelle nach mehrwöchigem Zögern an. Am 29. April 1810 reichte er allerdings schon sein Entlassungsgesuch ein und gab schließlich am 23. Juni 1810 die Leitung der Sektion ab. Der Grund für sein Entlassungsgesuch bestand vor allem darin, dass Humboldt eine untergeordnete Stellung im Staatsrat nicht akzeptieren wollte.[20]

Humboldt ging es beim Studium der griechischen Kultur nicht um die objektive historische Erkenntnis im Sinne einer Altertumswissenschaft, Sprachwissenschaft oder Kunstgeschichte. Er suchte und fand in ihr vielmehr Idealität, reine Menschlichkeit, „das Streben rein und voll Mensch zu sein".[21] Seine sprachphilosophischen, kunst-theoretischen und anthropologischen Bemühungen hatten nur den einen Sinn, „zur Bildung des schönen menschlichen Charakters beizutragen".[22] Nach Humboldt war in den Griechen die Idee des Menschen realisiert. Es gäbe nichts Wichtigeres für die Selbsterkenntnis als die vollkommene Kenntnis der Griechen. Das Streben nach dieser Kenntnis sei für jeden Menschen, je nach seinem Vermögen, unentbehrlich.

1.2.2 Die Schulpläne Humboldts

Während die pädagogischen Pläne Herders und Schleiermachers bei der Bildung des Individuums immer auch auf die Anforderungen der Gemeinschaft zielten, hatte für Humboldt einzig die „Selbstverwirklichung [des Individuums] in der Idee"[23] Bedeutung. Nach Herder und Schleiermacher wird Humanität nur im Wirken unter Menschen gewonnen, und alles andere soll dieser tätigen Humanität dienen. Hierauf sollen das Gymnasium und die Universität vorbereiten. Auch Humboldt sah das Gymnasium als Vorstufe zur Universität an. Erst die Universität könne die volle Menschenbildung leisten, nämlich das „Zu-sich-selbst-Kommen des Geistes im spekulativen Denken".[24]

Am deutlichsten hat Humboldt seine Vorstellungen über die Neugestaltung des öffentlichen Schulwesens im Königsberger und im Litauischen Schulplan zum Ausdruck gebracht. In beiden Schulplänen, die er im Jahre

---

[19] Vgl. Hübner, 1983, S. 151 ff.; vgl. auch O, Boyle, 1977, S. 22 f.
[20] Vgl. Humboldt: Entlassungsgesuch. In: Flitner / Giel, 1964, Bd. IV, S. 247 - 255.
[21] Humboldt: Geschichte des Verfalls der griechischen Freistaaten, zitiert nach Blättner, 1960, S. 104.
[22] Humboldt: Geschichte des Verfalls der griechischen Freistaaten, zitiert nach Blättner, 1960, S. 104.
[23] Blättner, 1960, S. 100.
[24] Blättner, 1960, S. 100.

1809 verfasste, plädierte Humboldt für die Einrichtung eines einheitlichen und allgemein bildenden Schulwesens, das die universale Menschenbildung zum Ziel haben solle. Die allgemeine Menschenbildung müsse strikt von der Berufsbildung getrennt werden. Die Allgemeinbildung sei vorrangig vor der Berufsbildung, da nur sie eine umfassende Qualifizierung des Menschen garantiere. Im Litauischen Schulplan schrieb Humboldt: „Alle Schulen aber, deren sich nicht ein einzelner Stand, sondern die ganze Nation oder der Staat für diese annimmt, müssen nur allgemeine Menschenbildung bezwecken. – Was das Bedürfnis des Lebens oder eines einzelnen seiner Gewerbe erheischt, muss abgesondert und nach vollendetem allgemeinen Unterricht erworben werden. Wird beides vermischt, so wird die Bildung unrein, und man erhält weder vollständige Menschen, noch vollständige Bürger einzelner Klassen".[25]

Neben dem Ziel der Universalität war Humboldt das Prinzip der Individualität besonders wichtig. Nur indem jeder Mensch in seiner Individualität gebildet werde, entstehe „die Mannigfaltigkeit der Charaktere, die innere Selbsttätigkeit, die Energie des Empfindens, worauf die wahre Bildung beruht".[26] Er forderte vom Lehrer, darauf zu achten, welchen Studien sich der Schüler vorzugsweise zuwende, den Sprachen, der Mathematik oder den Erfahrungskenntnissen, und ihn dementsprechend zu fördern, ohne allerdings die anderen Gebiete völlig zu vernachlässigen.[27]

Humboldt propagierte die Erziehung zum mündigen Bürger und wandte sich somit gegen die herrschende Untertanenmentalität. Um diesem Ziel Vorschub zu leisten und eine Überbrückung der Unterschiede zwischen Armen und Reichen zu erzielen, musste er das im wesentlichen ständisch geprägte Schulsystem beseitigen und eine neue Schulgliederung einführen.[28] So sollte es nur noch ein einheitliches, dreigliedriges, der Kontinuität verpflichtetes und aufeinander aufbauendes Schulwesen geben, welches sich im „Elementarunterricht", „Schulunterricht" und „Universitätsunterricht" konkretisierte. Diese drei Teile, welche sich in den Schulformen Elementarschulen, Gelehrtenschulen / Gymnasien und Universitäten wiederfanden, sollten ein Ganzes bilden. Die „höchste und proportionierlichste Bildung seiner [des Menschen] Kräfte zu einem Ganzen"[29] war das Ziel der verschiedenen Schulen, wobei die Übung der Kräfte in Form einer allgemeinen Grundbildung auf der Elementarschule durch die Methode Pestalozzis erfolgen sollte. Der Schulunterricht der Gelehrtenschulen sollte die

---

[25] Humboldt: Der Litauische Schulplan. In: Flitner / Giel, 1964, Bd. IV, S. 188.
[26] Spranger, 1960, S. 36.
[27] Vgl. Spranger, 1960, S. 140 f.
[28] Vgl. Jeismann, 1974, S. 324 f.
[29] Humboldt, zitiert nach Röhrs, 1969, S. VI.

Übung der Fähigkeiten und die Aneignung von Kenntnissen bezwecken und das richtige Leben lehren. Am Ende sollte der Schüler so viel gelernt haben, dass er für sich selbst lernen konnte. Höhepunkt des Bildungssystems sollte nach Humboldt der Universitätsunterricht sein, der dem gelehrten Lernen und der Forschung vorbehalten sein sollte. Der Universitätsunterricht sollte die Fähigkeit, eigenes Wissen zu erschaffen und die Erkenntnis der Einheit der Wissenschaft vermitteln.

Humboldts Idealbild vom gelehrten Menschen zufolge hatte nur derjenige, der sich mit Begeisterung am wissenschaftlichen Arbeiten in Freiheit und Einsamkeit völlig dem Studium widmete, die nötige Distanz zum Alltagsleben, aus der heraus er vorurteilsfrei Gedanken und Meinungen entwickeln könnte.[30]

1.2.2.1 Qualifizierung der Gymnasiallehrer und Begründung eines eigenen Gymnasiallehrerstandes

Neben der Einführung der Abiturientenprüfung war Humboldt die Umgestaltung der Lehrerbildung wichtig, um die Schulreform durchsetzen zu können. Die Schaffung eines eigenen Gymnasiallehrerstandes sollte verhindern, dass weiterhin unfähige Lehrer die Geschicke des Schulwesens bestimmten. Bis zu Humboldts Amtsannahme waren in der Regel Theologen Lehrer an den Gelehrtenschulen, die auf eine Pfarrstelle warteten und in dem Lehrerdasein nur eine Übergangslösung sahen. Nur in wenigen Ausnahmefällen galt der Beruf des Lehrers als Lebensberuf.[31] Dieser Zustand musste nach Humboldt so schnell wie möglich abgestellt werden. Für das Ziel, künftig keine mittelmäßigen oder schlechten Lehrer mehr im höheren Schulwesen zu dulden, sei die Einführung von Prüfungen nötig, um die Qualifikation jedes einzelnen Lehramtskandidaten zu gewährleisten.[32]

Johann Wilhelm Süvern, Professor der Philologie in Königsberg, der, nachdem er schon längere Zeit an den Geschäften der Unterrichtsverwaltung beteiligt gewesen war, 1809 zum Staatsrat der Sektion für Kultus und Unterrichtswesen ernannt wurde, übernahm das Gedankengut Humboldts und schlug die Einführung von verbindlichen Prüfungen für die Kandidaten des höheren Lehramtes vor. Gleichzeitig sah er die Notwendigkeit, die Ausbildung der Lehrer einheitlich zu regeln und damit zu verbessern, um

---

[30] Vgl. Humboldt: Der Königsberger und der Litauische Schulplan. In: Flitner / Giel, 1964, Bd. IV, S. 169 ff., 190 f.
[31] Vgl. Menze, 1975 S. 270 ff.; vgl. auch Spranger, 1960, S. 226 f.
[32] Vgl. Humboldt: Über Prüfungen für das höhere Schulfach (11. April 1810). In: Gloege, 1921, S. 101 - 107.

einen selbständigen Beruf und einen eigenen Lehrerstand zu schaffen. Auf Süverns Vorschlag hin erließ König Friedrich Wilhelm III. am 12. Juni 1810 das „Edikt wegen einzuführender allgemeiner Prüfungen der Schulamtskandidaten"[33], in dem einleitend steht, dass das Eindringen untüchtiger Subjekte in das Erziehungs- und Unterrichtswesen künftig verhindert werden müsse. Sinn des Examens, für das die Bezeichnung „Examen pro facultate docendi" vorgesehen war, sollte die Tauglichkeitsprüfung der Lehramtskandidaten für höhere Lehrerstellen sein. Mit Ausnahme von Personen, die an der Universität eine Magisterprüfung abgelegt oder einen Doktortitel erworben hatten, mussten sich fortan alle Lehramtsanwärter dieser eher wissenschaftlichen als schulpraxisbezogenen Prüfung unterziehen.[34]

Die Prüfungen, mit denen zunächst eine wissenschaftliche Deputation beauftragt wurde, sollten die willkürliche Besetzung der Schulämter durch die Patrone, in der Regel die städtischen Schulbehörden, beenden und der staatlichen Schulverwaltung einen entscheidenden Einfluss auf die Auswahl der Lehrer verschaffen.[35] Mit diesem Edikt wurde die Basis für die Begründung eines qualifizierten höheren Lehrstandes geschaffen. Die Prüfungsordnung beendete nämlich nicht nur die willkürliche Besetzung der Schulämter durch die Patrone, sondern regelte darüber hinaus die Vorbildung der Lehrer, so dass sich allmählich ein besonderer Stand wissenschaftlich gebildeter Lehrer herausbildete.[36]

1.2.2.2 Einführung der Abiturientenprüfung und Grenzbestimmung zwischen Gymnasium und Universität

Um unfähige Studenten von der Universität fernzuhalten, wollte Humboldt eine klare Abgrenzung zwischen Gymnasium und Universität schaffen. Die Versuche, eine allgemeine Reifeprüfung einzuführen, waren bis dahin vor allem an der Vielfältigkeit und Uneinheitlichkeit des Gelehrtenschulwesens gescheitert. So war es Absolventen einer Schule, die im eigentlichen Sinne keine Gelehrtenschule war, da ihre Abiturientenprüfung nicht entsprechend der Anordnung des Oberschulkollegiums von 1788 durch einen königli-

---

[33] Abgedruckt in: Gloege, 1921, S. 111 ff.
[34] Vgl. Blättner, 1960, S. 206.
[35] Vgl. Paulsen, 1921, Bd. 2, S. 287.
[36] Jeismann hat darauf hingewiesen, dass die Datierung der Entstehung eines eigenen Gymnasiallehrerstandes, die an den Zeitpunkt des Edikts anknüpft, irreführend sei, da die Trennung der Gymnasiallehrer von den Theologen schon längst im Gange gewesen wäre. Die Entwicklung, die seit Mitte des 18. Jahrhunderts stärker geworden wäre, hätte den „gelehrten Schulmann" auch ohne Prüfungsordnung bereits hervorgebracht. Das Edikt habe nur einen Schlussstrich unter die Entwicklung gezogen (vgl. Jeismann, 1974, S. 318 f.).

chen Kommissarius abgehalten wurde, möglich, nach einer erfolgreichen Prüfung an der philosophischen Fakultät ein Universitätsstudium aufzunehmen und einen gelehrten Beruf anzustreben. Dieser Weg zur Universität stand auch denen, die Privatunterricht genossen hatten, offen. Darüber hinaus war das Prüfungsverfahren der verschiedenen Anstalten sehr ungleich, so dass aufgrund der unterschiedlichen Auffassungen der Lehrer in Bezug auf das Bildungsziel auch unfähige Schüler zur Universität übergehen konnten.[37]

Um diesem Missstand abzuhelfen, hatte Humboldt bereits im Jahre 1809 die Einführung von Prüfungen beim Übergang von den Gelehrtenschulen zu den Universitäten und die Vereinheitlichung des Gelehrtenschulwesens gefordert.[38] Für die Gewährleistung der Einheitlichkeit und Vergleichbarkeit der Abschlussprüfung sollte es fortan nur noch das Gymnasium als höhere Schule geben.

Die verbindliche Einführung einer Abiturientenprüfung nach Humboldts Vorstellungen erfolgte aber erst zwei Jahre nach dessen Ausscheiden aus dem Amt im Jahre 1812. Von da an sollte nur noch das Abitur zum Übergang an die Universität berechtigen. Um das Abitur zu erlangen, mussten die Schüler eine schriftliche und eine mündliche Prüfung ablegen. Die mündliche Prüfung sollte alle Sprachen, die gelehrt wurden, sowie Mathematik, Geschichte, Geographie und Naturlehre umfassen. Bei der Interpretation der lateinischen und griechischen Schriftsteller sollte lateinisch gesprochen werden. Zur schriftlichen Prüfung gehörten ein deutscher, ein lateinischer, ein französischer Aufsatz und eine mathematische Arbeit sowie eine Übersetzung ins Griechische und aus dem Griechischen.[39] Das Zeugnis bescheinigte dem Abiturienten entweder die unbedingte Tüchtigkeit, die bedingte Tüchtigkeit oder die Untüchtigkeit, wobei nur die ersten beiden Abstufungen den Übergang zur Universität ermöglichen sollten. Allerdings hatten Abiturienten mit bescheinigter Untüchtigkeit durchaus auch Chancen, zur Universität zugelassen zu werden. Die Möglichkeit, durch eine Aufnahmeprüfung zum Universitätsstudium zugelassen zu werden, blieb nämlich erhalten. Erst 1834 mit dem Reglement für die Maturitätsprüfung führte „der Weg zum Universitätsstudium und zum gelehrten Beruf ... so gut wie ausschließlich durch den Kursus der staatlich anerkannten Gymnasien und die durch Vertreter der Staatsbehörden abgenommene Reifeprüfung".[40]

---

[37] Vgl. Menze, 1975, S. 260 f.
[38] Vgl. Humboldt: Generalverwaltungsbericht der Section. August 1809. In: Flitner / Giel, 1964, Bd. IV, S. 129 ff.
[39] Vgl. Schmitz, 1980, S. 69.
[40] Paulsen, 1921, Bd. 2, S. 289 f.; vgl. auch Reble, 1975, Bd. II, S. 238.

Im Zuge der Vereinheitlichung der Abiturientenprüfung verloren viele Lateinschulen den Rang einer Gelehrtenschule und zählten fortan zu den Elementarschulen. Sie gestalteten sich in Anlehnung an die Bedürfnisse der Gemeinden als Bürgerschulen, Realschulen, Progymnasien und grenzten ihr Curriculum zunächst ohne Einwirkung der Regierung selbständig ab. Erst mit der Prüfungsordnung von 1832 wurden, in Form einer Klassifizierung, bestimmte Realschulen in den Rang des höheren Schulwesens erhoben.[41] Hierauf wird noch ausführlich eingegangen (s. dazu Kap. 2.3).

1.2.2.3 Der Lehrplan des Gymnasiums und seine Ausgestaltung

Nach Humboldts Konzeption sollten die Grundlagen der Menschenbildung in der Elementarschule gelegt werden. Hauptziel des Gymnasialunterrichts sollte die Ausbildung des Geistes und des Gemüts sein. Der Unterricht dürfe weder durch ständische noch durch berufliche Interessen beeinflusst werden, sondern müsse universal sein und nur der allgemeinen Menschenbildung dienen.[42]

Humboldt hat für den Gymnasialunterricht die Rahmenbedingungen und Grundlinien skizziert. Es lag ihm allerdings fern, einen detaillierten Lehrplan in Form von Erlassen und Verordnungen auszuformulieren, da dieses dem von ihm geforderten Prinzip der Freiheit der einzelnen Schule widersprochen hätte.[43] Die Ausbildung aller Kräfte sollte auf dem Gymnasium vor allem durch sprachlich-philosophischen – verbunden mit mathematischem und historischem – Unterricht erreicht werden.[44]

Zum Sprachunterricht gehörten zum einen die Muttersprache und zum anderen die Fremdsprachen. Nach Humboldt sei es wichtig für die Kräfteentwicklung, sich auch nach der Elementarschule vertieft mit der Muttersprache zu beschäftigen.

Blättner zufolge werden Humboldts Vorstellungen vom Unterricht im Gymnasium aber am deutlichsten in der Charakteristik des Fremdsprachenunterrichts. Nach Humboldt müsse die Form der Sprache im Mittelpunkt stehen. Rein funktionaler Sprachunterricht, der sich auf die Lektüre und das Verständnis klassischer Schriftsteller beschränke, sei abzulehnen. Sprachen seien Arbeit des Geistes, Tat (ε ν ε ρ γ ε ι α), nicht Gebilde (ε ρ γ ο ν). Durch den Erwerb einer neuen Sprache werde nicht nur der Geist geschult, sondern auch die Ausdrucksfähigkeit gefördert. Das wichtigste Moment des Spracherwerbs sei aber, dass die „Klarheit der Ideen selbst gewinnt".[45]

---

[41] Vgl. Paulsen, 1921, Bd. 2. S. 290.
[42] Vgl. Humboldt: Der Königsberger Schulplan. In: Flitner / Giel, 1964, Bd. IV, S. 169.
[43] Vgl. Menze, 1975, S. 240 ff.
[44] Vgl. Blättner, 1960, S. 100 f.
[45] Humboldt: Brautbriefe, 8. 11. 1790, zitiert nach Blättner, 1960, S. 101.

Dadurch, dass man beim Sprachenstudium immer neue Wege kennenlerne, Gedanken auszudrücken und Dinge zu denken, erhielten die Gedanken beziehungsweise Ideen eine neue, intensivere Qualität.

Nach Humboldt können Sprachen in eine Rangfolge gebracht werden. Die vollkommenste Sprache sei diejenige, in der „sich die geistige Bildung des Menschengeschlechts am glücklichsten entwickelt hat".[46] Obwohl es keine konkret zu benennende Idealsprache gäbe, könne doch das Griechische als ideale Sprache einer beispielhaften Hochkultur angesehen werden. Durch den Nachvollzug des Sprachgebrauchs werde die reine Altertumswissenschaft des Althumanismus, welche sich auf Imitation des Gedachten und Geschaffenen beschränkt hätte, überwunden und ein tieferes Verständnis möglich. Indem die Form der Sprache im Mittelpunkt stehe, werde deutlich, *wie* die alten Griechen gedacht und geschaffen hätten. Neben dem Griechischen sei das Lateinische am geeignetsten zur Bildung der geistigen Kräfte, da es auch „besondere Möglichkeiten geistigen Schaffens in hoher Vollkommenheit zeigt".[47]

Für die universelle Ausbildung des Verstandes sei die Mathematik aufgrund ihrer strikten Evidenz und der logischen Gesetze ebenfalls von großer Bedeutung. Da sie systematisches Vorgehen erzwinge, eine Einheit zwischen Theorie und Praxis herstelle und alles Zufällige ausklammere, sei sie hervorragend geeignet, den Geist zu schulen.[48]

Den Humboldtschen Konzepten zufolge sollte es den Schülern möglich sein, nach ihren Talenten einen Schwerpunkt im Bereich der Sprachen oder der Mathematik zu setzen, allerdings ohne eine völlige Vernachlässigung des zweiten Fachs.

Die historischen Fächer[49] hatten „Orientierungshilfen für das Sich-Zurechtfinden in der Welt zu geben, so wie sie hier und jetzt vorliegt, und überdies ... den Übergang von der Schul- in die Berufswelt zu erleichtern".[50]

Dem naturhistorischen und naturwissenschaftlichen Unterricht maß Humboldt keine besondere Rolle bei. Er hielt diese Disziplinen sogar für irrelevant am Gymnasium, da sie nicht das Ziel der Allgemeinbildung

---

[46] Humboldt: „Über die Verschiedenheit des menschlichen Sprachbrauchs", 1836, zitiert nach Blättner, 1960, S. 101.
[47] Blättner, 1960, S. 101.
[48] Vgl. Menze, 1975, S. 250-252.
[49] Menze hat darauf hingewiesen, dass „historisch" im „damaligen Sprachgebrauch nicht nur geschichtlich, sondern empirisch überhaupt bedeutet" (s. Menze, 1975, S. 249).
[50] Menze, 1975, S. 249.

verfolgten, sondern lebenspraktisch und auf unmittelbare Anwendung orientiert seien.[51]

Neben den Sprachen, der Mathematik und dem historischen Unterricht sollten am Gymnasium die Fächer Gymnastik, Zeichnen und Musik erteilt werden. Humboldt betonte die bildende Wirkung der gymnastischen Übungen nach dem Vorbild der alten Griechen, denn diese seien eine sinnvolle Ergänzung im Kontext der harmonisch-proportionierlichen Ausbildung aller Kräfte und hätten einen positiven Einfluss auf die körperliche Gesundheit.[52] Der Zeichenunterricht sei wichtig, um das Anschauungs- und Darstellungsvermögen zu üben. Die Schüler würden darüber hinaus lernen, Gegenstände der Natur durch Zeichnungen selbständig auf dem Papier festzuhalten und so die Fertigkeit des Zeichnens als eine Art Sprache des Schönheitsgefühls und Ausdrucks erfahren. Ebenso wichtig wie das Zeichnen sei die Musik. Die Musik habe einen positiven Einfluss auf den Charakter und die Bildung einer Nation. Durch die Musik würden die Schüler an Wohlklang und Rhythmus gewöhnt.[53]

Um das Ziel einer harmonisch-proportionierlichen Bildung zu erreichen, forderte Humboldt, dass die Schüler in ihrer Individualität gefördert würden. Sie sollten in der Schule innerhalb der durch die Lehrgegenstände gesteckten Grenzen ein Höchstmaß an Freiheit erhalten, damit sie ihre Kräfte frei entfalten könnten. So verlangte Humboldt bei der Einteilung der Klassen eine Orientierung an den verschiedenen Neigungen, Interessen und Kenntnissen der einzelnen Schüler, anstatt der Einordnung in Jahrgangsklassen nach Altersstufen. Durch diese veränderte Klasseneinteilung könnten die Schulen ihre Schüler besser motivieren und die Schüler ihre individuellen Neigungen erkennen und entfalten.[54]

Das Gymnasium habe sein Bildungsziel erreicht, wenn der Schüler bis zu seinem Abschluss so viel gelernt habe, dass er imstande sei, für sich selbst zu lernen und die Lehrer somit überflüssig geworden seien. Mit dem Schulabschluss des Gymnasiums beginne, so Humboldt, die freie Selbstbildung.[55]

Während die Grundideen für die Reform des Gymnasiums von Humboldt stammten, war die praktische Umsetzung im Wesentlichen Süverns Werk. Auf der Basis der Lehrplanentwürfe entwickelte Süvern 1812 einen Lehrplan, der „in seinen Hauptbestimmungen 1816 als Richtschnur für die

---

[51] Vgl. Menze, 1975, S. 249.
[52] Vgl. Menze, 1975, S. 244 f.
[53] Vgl. Menze, 1975, S. 246 ff.
[54] Vgl. Menze, 1975, S. 258 ff.
[55] Vgl. Menze, 1975, S. 266 f.

Unterrichtsverwaltung festgestellt"[56] wurde. Dieser Plan wurde zwar nie als verpflichtende Verordnung erlassen, diente aber den Provinzialschulbehörden als Norm für die neue Gelehrtenschule.[57]

Die Unterrichtsgegenstände des Gymnasiums sollten dem Plan zufolge eine „organische Einheit" bilden, entsprechend dem „Organismus der Wissenschaften". Die „harmonische Ausbildung des Geistes", wie sie Humboldt forderte, war das Leitbild. Das Vernachlässigen einzelner Fächer des Kanons zu Gunsten von anderen sei „unharmonische Bildung" und „sorgsam zu verhüten".[58]

Die Unterrichtsfächer, mit denen die harmonische Ausbildung des Geistes erreicht werden sollte, „werden unter den zwei herkömmlichen Titeln, Sprachen und Wissenschaften, aufgezählt".[59] Der Schwerpunkt lag auf den Hauptfächern Latein, Griechisch, Deutsch und Mathematik. Die Fächer Naturwissenschaften, Geschichte und Geographie, Religion, Hebräisch (fakultativ), Zeichnen und Kalligraphie erschienen als Nebenfächer. Es wurde allerdings betont, dass sie für eine einheitliche Bildung unentbehrlich seien. Freiwillig blieb zunächst nur der Gesangs- und Turnunterricht.

Das Fehlen jeglicher auf besondere Zwecke gerichteter Bildungsinhalte ist charakteristisch für den Lehrplan. Das Gymnasium sollte eine rein formale Bildung vermitteln, die den Abiturienten den Weg für eine Weiterentwicklung in alle Richtungen wies. „Der zur Universität reife Student soll eine allseitige, formale Bildung des Verstandes, ein sicheres Können in den Sprachen, die zur Gelehrsamkeit nötig sind, ein bedeutendes Maß von Einsichten und Fertigkeiten in den mathematischen Wissenschaften, endlich einen umfassenden Besitz wissenschaftlicher Kenntnis auf dem Gebiet der natürlichen wie der geschichtlichen Welt mitbringen".[60] Die harmonische Ausbildung aller Kräfte sollte den Abiturienten befähigen, sich in jeder Wissenschaft zurechtzufinden und ihn für jedes Studium zu qualifizieren.[61]

1.2.3 Süverns Entwurf von 1819

Die Neuordnung des Gelehrtenschulwesens sollte nur einen Teil der Neugestaltung des gesamten Schulwesens bilden und durch ein allgemeines Unterrichtsgesetz verwirklicht werden.[62] Mit dem Entwurf beauftragte der

---

[56] Wiese, 1864, Bd. I, S. 21.
[57] Vgl. Paulsen, 1921, Bd. 2, S. 291.
[58] Paulsen, 1921, Bd. 2, S. 293.
[59] Paulsen, 1921, Bd. 2, S. 291.
[60] Paulsen, 1921, Bd. 2, S. 296.
[61] Vgl. Wiese, 1964, Bd. I, S. 21 f.
[62] Vgl. Dietrich, 1970, S. 89 f.

König eine Immediatkommission und übertrug Süvern die Redaktion. In Anlehnung an seine Denkschrift von 1817, in der er den Sinn und die Absicht dieser Aufgabe umrissen hatte, legte Süvern 1819 einen Gesetzesentwurf vor.[63]

In dieser Denkschrift beschrieb er unter anderen die erzieherische Tätigkeit des Staates. So erziehe der Staat durch seine Verfassung, Gesetzgebung und Verwaltung in dem Sinne, dass die Gesinnung seiner Bürger in ganz bestimmter Weise geprägt werde. Diese Nationalerziehung im Großen müsse durch die National-Jugenderziehung vorbereitet und grundgelegt werden. Indem die Erziehung der Jugend mit dem „Erziehungssystem" Staat abgestimmt werde, würden die staatlichen Ziele besonders gefördert. Süvern betonte, dass das erzieherische Streben um so vielversprechender sei, je „freier es von den Zwecken irgend einer einseitigen mechanischen Einzwängung und Abrichtung gehalten wird".[64] In diesem Sinne wollte Süvern nur allgemeine Prinzipien und Grundformen für das öffentliche Schulwesen festlegen, deren Ausgestaltung und Anpassung an regionale Besonderheiten aber den Provinzial- und Lokalbehörden überlassen. Seiner Meinung nach sei der preußische Staat am lebenskräftigsten, wenn die verschiedenen Regionen ihre Eigentümlichkeiten und ihre „Regsamkeiten" behielten. Dem Gesetzentwurf zufolge sollte es drei Schulstufen geben, die Elementarschule, die allgemeine Stadtschule und das Gymnasium. Sie sollten eine aufeinander aufbauende Einheit bilden, und zugleich sollte jede Stufe einen eigenen Bildungsabschluss ermöglichen.[65]

Mit Bedauern stellt Paulsen fest, dass Süverns Entwurf nicht Gesetz wurde. Durch den Widerstand der wiedererwachten restaurativen Kräfte, besonders des katholischen Episkopats, sei die Chance, ein einheitliches Schulwesen zu einer Zeit, als der Staat noch „bildsamer" war, einzuführen, vertan worden. Negative Folge sei zum einen die „Zersplitterung des Schulwesens". Statt der angestrebten einheitlichen Umgestaltung ordneten die einzelnen Ressortverwaltungen die Lehrverfassungen der ihnen unterstellten Gymnasien, Realschulen, Gewerbeschulen, Volksschulen und Mädchenschulen einzeln, so dass das Schulwesen in zusammenhanglose Teile zerfiel. Zum anderen bewirkte das Scheitern des Entwurfs die „Mechanisierung der Lehr- und Prüfungsordnungen durch die Ressortverwaltung".[66] Süvern wollte den Provinzen und Städten, wie oben beschrieben, Spielräume bei der Ausgestaltung der allgemein verbindlichen Prinzipien

---

[63] Der „Entwurf eines allgemeinen Gesetzes über die Verfassung des Schulwesens im preußischen Staat" ist abgedruckt in: Michael / Schepp, 1993, S. 108 ff.
[64] Süvern: Denkschrift von 1817, zitiert nach Paulsen, 1921, Bd. 2, S. 300.
[65] Vgl. Michael / Schepp, 1993, S. 109; vgl. auch Dietrich, 1970, S. 90 f.
[66] Paulsen, 1921, Bd. 2, S. 301.

geben. In Ermangelung einer Gesetzgebung übernahmen jedoch die Ressortverwaltungen die Ausgestaltung der Lehrpläne, Prüfungsordnungen und Unterrichtsmethoden. Sie ignorierten regionale Besonderheiten und engten die einzelnen Anstalten durch immer genauere Bestimmungen und Verordnungen zunehmend ein.[67]

1.2.4 Auf- und Ausbau der staatlichen Schulverwaltung

Obwohl nach dem „Allgemeinen Landrecht" von 1794[68] die Schulen eine Veranstaltung des Staates seien und unter seiner Aufsicht stehen sollten, waren sie zu Beginn des 19. Jahrhunderts immer noch im Wesentlichen Gemeindeanstalten unter Aufsicht der Kirchen.

Die Forderungen des Freiherrn vom Stein, konkretisiert in dem Organisationsplan für die Zentralverwaltung von 1807, das Departement des öffentlichen Unterrichts von dem geistlichen Departement zu trennen und das Unterrichtsdepartement mit dem gesamten Bildungs- und Erziehungswesen, mit Ausnahme des Religionsunterrichts, welcher dem Kultusdepartement unterstehen sollte, zu betrauen, wurden auf Grund des Widerstrebens König Wilhelms III. nicht umgesetzt. Es entstand ein einheitliches „Departement des Kultus und des öffentlichen Unterrichts".[69] Der Vorsteher dieses Departements, welcher in den Jahren 1808 bis 1810 Wilhelm von Humboldt war, sollte den Vorsitz in der Unterrichtsabteilung führen.

Darüber hinaus wurden, um einen hohen wissenschaftlichen Standard zu erreichen, einzelnen Departements wissenschaftliche Berater in Form von Deputationen zur Seite gestellt. Für die Unterrichtssektion geschah dies auf Antrag Humboldts, beruhend auf seiner Schrift „Ideen zu einer Instruktion für die wissenschaftliche Deputation bei der Sektion des öffentlichen Unterrichts"[70], den er beim König einreichte. Die Genehmigung folgte am 25. Februar 1810, und die Deputation wurde sogleich gebildet.

Auf Vorschlag Humboldts wurde sein ehemaliger Lehrer, der Philologe Friedrich August Wolf, zum Direktor berufen. Er lehnte jedoch ab. An seine Stelle trat dann Humboldts Wunsch entsprechend Friedrich Ernst Daniel Schleiermacher, der am 26. April 1810 zum Direktor ernannt wurde.

In der Deputation sollte nach Humboldt für jedes wesentliche Fach der Wissenschaften eine Person vertreten sein. Er legte allerdings einschränkend fest, dass nur Männer mit abgeschlossenem philosophischen, mathematischen, philologischen oder historischen Studium bei der Wahl zu Mit-

---

[67] Vgl. Paulsen, 1921, Bd. 2, S. 301 f.
[68] Die für das höhere Schulwesen wichtigsten Paragraphen des Allgemeinen Landrechts sind abgedruckt in: Wiese, 1864, Bd. I, S. 13 f.
[69] Vgl. Paulsen, 1921, Bd. 2, S. 284.
[70] In: Flitner / Giel, 1964, Bd. IV, S. 201 - 209.

gliedern der Deputation berücksichtigt werden sollten. Es sollten nur Vertreter der formellen, allgemeinbildenden Disziplinen vertreten sein. Fachwissenschaftler, namentlich die Theologen, wurden ausgeschlossen. Zur Arbeit könnte die Deputation aber auch Gelehrte aus anderen Fächern als Berater hinzuziehen.[71]

Aufgabe der Deputation war unter anderen, neue Unterrichtsmethoden zu prüfen, neue Lehrpläne zu entwerfen, Lehrbücher und Lehramtskandidaten zu prüfen. Insbesondere aber sollte sie, nach Humboldt, dafür sorgen, „dass die wissenschaftliche Bildung sich nicht, nach äusseren Zwecken und Bedingungen, einzeln zersplittere, sondern vielmehr zur Erreichung des höchsten allgemein menschlichen in Einen Brennpunkt sammle".[72]

Bei der Arbeit der Deputation tauchten immer wieder ernsthafte Schwierigkeiten und Unstimmigkeiten auf, da die einzelnen Mitarbeiter häufig verschiedener Meinung waren und sich kaum einigen konnten. Ihre Streitigkeiten und Unproduktivität führten schließlich dazu, dass die Deputation im Jahre 1816, sechs Jahre nach ihrer Gründung durch Humboldt, aufgelöst wurde.[73]

An ihre Stelle traten dann wissenschaftliche Prüfungskommissionen, die den 1817 eingerichteten Provinzialkonsistorien unterstanden.

Erst 1825 wurde die Verwaltung der höheren Schule in die Hand eines Konsistoriums mit dem Namen Provinzialschulkollegium gelegt. Die Provinzialschulräte, zunächst vor allem aus dem Kreise der Philologen rekrutiert, übten seitdem die staatliche Schulaufsicht aus.[74]

1.3 Der Ausbau des neuen Gymnasiums in Preußen 1818 – 1840

Das „preußische neuhumanistische Gymnasium erhielt in der Epoche von 1818 – 1840 als Abschluß der Bildungsreform Humboldts und Süverns seine verwaltungsmäßig festgelegte Gestalt".[75]

1.3.1 Freiherr von Altenstein und Johannes Schulze

Zwischen 1818 und 1840 waren für die Geschicke des preußischen Schulwesens vor allem Freiherr von Altenstein und Johannes Schulze verantwortlich.

---

[71] Vgl. Spranger, 1960, S. 127 f.
[72] Humboldt: Ideen zu einer Instruktion für die wissenschaftliche Deputation bei der Sektion des
 öffentlichen Unterrichts. In: Flitner / Giel, 1964, Bd. IV, S. 202.
[73] Vgl. Menze, 1975, S. 86, 94, 104.
[74] Vgl. Paulsen, 1921, Bd. 2, S. 286.
[75] Giese, 1961, S. 23.

Karl Sigmund Franz Freiherr von Stein zum Altenstein übernahm im Jahre 1817 das neu gegründete Kultusministerium. Paulsen charakterisierte ihn als einen „wohl-meinenden Mann, aber ohne die Entschiedenheit und Energie, die die erste Tugend des Staatsmannes ausmacht".[76] Es habe ihm an Leidenschaft und Durchsetzungsvermögen gefehlt, so dass viele Änderungen im Universitäts- und Schulwesen ohne oder sogar gegen seinen Willen durchgeführt wurden.[77]

Johannes Schulze wurde 1818 ins Ministerium berufen und mit der Leitung des gelehrten Unterrichtswesens betraut. Süvern, der zuvor dieses Amt innegehabt hatte, blieb zwar als Mitdirektor im Ministerium, doch ohne leitenden Einfluss. Eine „hervorragende Begabung" für die Leitung des höheren Schulwesens schrieb Paulsen Schulze zu. So habe er tiefgehende Kenntnisse in den beiden führenden geistigen Mächten der Zeit, nämlich der neuhumanistischen Philologie ebenso wie in der spekulativen Philosophie, gehabt. Darüber hinaus habe er „große Arbeitskraft, redlichen Willen, Eifer für die Sache, Achtung für die Wissenschaft und dazu den Blick für das Persönliche"[78] besessen. Sein Eifer und die rastlose Tätigkeit hatten allerdings auch zum „Übereifer und zur Vielregiererei" geführt. Und seinen Arbeitseifer und seinen Glauben an Gesetze und Kontrollen hat er auch von anderen gefordert. So schrieb er 1829 in einem Reskript, dass es Schülern des Gymnasiums nicht zu leicht gemacht werden solle und dass sie am besten schon in der Schule Mühseligkeiten und Aufopferungen, die unvermeidlichen Bedingungen für ein erfolgreiches, dem Dienste der Wissenschaft, des Staates und der Kirche gewidmetes Leben, lernen sollten.[79]

1.3.2 Reglementierung des höheren Schulwesens

Mit Schulze begann eine eingehende Reglementierung des höheren Schulwesens. Alles wurde geordnet und kontrolliert. So beschrieb Paulsen, dass zwar das willkürliche Reglementieren der Lateinschulen durch die Stadträte, die uneinheitliche Unterrichtsgestaltung der einzelnen Anstalten, die immer noch nicht völlig durchgesetzte Zugangsbegrenzung zur Universität und vieles mehr beendet wurden. Allerdings sei durch das Reglementieren und Inspizieren, welche ihren Ursprung im Heerwesen hätten, viel „von der Freiheit und Spontaneität dahin gegangen, worauf in der geistigen Welt schließlich doch alles beruht".[80]

---

[76] Paulsen, 1921, Bd. 2, S. 317.
[77] Vgl. auch Mast, 1989, S. 128 f.
[78] Paulsen, 1921, Bd. 2, S. 321.
[79] Vgl. Paulsen, 1921, Bd. 2, S. 321.
[80] Paulsen, 1921, Bd. 2, S. 322.

So wurden unter Schulzes Federführung viele Verordnungen erlassen, „welche die Regulierung des konkreten Lehrplans und die innere positive Gestaltung des Gymnasiums zum Gegenstand hatten".[81] Zunächst wurde der Lateinunterricht geregelt. Er sollte an den Gymnasien wieder mehr Gewicht erhalten, nachdem, ausgehend von Humboldt, die Tendenz bestand, das Griechische dem Latein vorzuziehen. Latein sollte wieder die Basis der gelehrten Bildung werden. Die Zahl der Unterrichtsstunden wurde erhöht. Der vermehrte Lateinunterricht sollte allerdings nicht zu Lasten des Griechischunterrichts gehen. So war Schulze der Auffassung, dass, wer nicht Griechisch lernen wolle, nicht auf das Gymnasium, sondern auf die Bürgerschule gehöre. Hier stieß er allerdings auf erheblichen Widerstand. Insbesondere die rheinischen Konsistorien wollten die Freistellungen für diejenigen, die kein Studium aufnehmen wollten, grundsätzlich zulassen. Darüber hinaus waren im Altensteinschen Ministerium nicht alle von der Bedeutung des Griechischen überzeugt. So konnte Schulze nur eine Einschränkung der Dispensationen durchsetzen. Sie sollten nur noch von den Provinzialschulbehörden auf der Grundlage eines Gutachtens der Schuldirektoren erteilt werden. Außerdem sollte die Abiturnote I ohne Griechischkenntnisse nicht vergeben werden, und im Zeugnis sollte der Mangel „an der zum fruchtbaren Universitätsbesuch nötigen Bildung"[82] vermerkt werden.

Weit über die Regulierung des Unterrichtswesens hinaus gingen die Verfügungen von 1825 und 1829. Das Zirkularreskript von 1825 regelte die Privatlektüre der griechischen und lateinischen Schriftsteller. Die Privatlektüre sollte die Schullektüre ergänzen und sicherstellen, dass die Schüler umfassende Kenntnisse in der klassischen Literatur erlangten. So wurde ein genauer Plan erarbeitet, der vorschrieb, welche Schriftsteller und Abschnitte in der Schule zu lesen seien und welche der privaten Lektüre vorbehalten blieben. Die Verfügung von 1829 regelte unter anderem die Privatlektüre der deutschen Schriftsteller. Die Schüler sollten zum aufmerksamen und nachdenklichen Lesen aufgefordert werden, um auch eine hohe Fertigkeit im freien Vortrag zu erlangen. Die Lehrer sollten die Privatlektüre der Schüler leiten und kontrollieren. So mussten die Schüler ein Verzeichnis über ihre Privatlektüre führen und dem Lehrer in regelmäßigen Abständen vorzeigen.

Die Bestrebungen, die philosophische Propädeutik als Unterrichtsfach einzuführen, fallen auch in diese Zeit und hatten ihre Ursache in der Stärkung der philosophischen Studien in der Lehrerbildung einige Jahre zuvor. Um einer sich abzeichnenden zu einseitigen Bildung der Lehramtskandida-

---

[81] Schmid, 1901, Bd. 5, Abt. 1, S. 260.
[82] Prüfungsordnung von 1812, zitiert nach Paulsen, 1921, Bd. 2, S. 328.

ten, die sich an einigen Universitäten fast ausschließlich mit der Philologie beschäftigten, entgegenzuwirken, hatte das Ministerium verfügt, die Prüfung auf Logik, Metaphysik, Psychologie, Geschichte der Philosophie und Geschichte auszudehnen. Vor allem auf Veranlassung Hegels, der in regem Verkehr mit Altenstein stand, wurden die Schulen durch eine Verfügung vom 26. Mai 1825 aufgefordert, Möglichkeiten zur Aufnahme der Philosophie in den Lehrkanon zu nutzen. Verbindliches Unterrichtsfach wurde die philosophische Propädeutik allerdings erst durch das Zirkularreskript von 1837, in dem ihr in den Oberstufenklassen je zwei Wochenstunden eingeräumt wurden.[83]

Einer genauen Regulierung unterlagen auch die übrigen Unterrichtsfächer, Mathematik, Geschichte, Geographie und Hebräisch. Insbesondere wurden die Anforderungen im Mathematikunterricht erhöht. So sollten, neben der Ausdehnung der Lerninhalte, verstärkt Hausaufgaben, die über das in der Schule Vermittelte hinausgingen, aufgegeben werden.

Neben der Regulierung der Unterrichtsfächer, Unterrichtsinhalte und Prüfungsordnungen wurde besonderer Wert auf die innere Ordnung und die Disziplin in der Schule gelegt. Jede „Unregelmäßigkeit, Unfolgsamkeit und Pflichtvernachlässigung", heißt es in dem Reskript an die Oberpräsidenten vom 30. Oktober 1819, „muß nachdrücklich gerügt, jede dünkelhafte Anmaßung sogleich bei ihrem ersten Hervortreten zurückgewiesen werden, vorzüglich aber jeder Ungehorsam gegen die Lehrer und jede Hintansetzung der ihnen gebührenden Ehrfurcht aufs schärfste gestraft werden".[84] Hier wird sehr deutlich, welche Erziehungsabsicht der Staat in der Schule verfolgte. Den Heranwachsenden sollte schon von klein auf Gesetzestreue, Unterordnung unter die Obrigkeit und Folgsamkeit eingeschärft werden. Jedes Aufbegehren gegen die Obrigkeit sowie die Störung der Ordnung sollten schon im Keim erstickt werden.[85]

Den gleichen Zweck verfolgte das Ministerium mit der Einführung von Klassenordinariaten. Die Notwendigkeit, solche Klassenordinariate einzuführen, begründete eine Instruktion des Kölner Konsortiums für Klassenordinariate vom 26. Februar 1824[86] damit, dass es, um den den Verhältnissen der Zeit entsprechenden „Geist einer zügellosen Freiheit und Frechheit von der heranwachsenden Jugend abzuhalten"[87], einer genauen Aufsicht bedürfe. Diese Aufsicht, die sich auch auf den außerschulischen Bereich erstre-

---

[83] Vgl. Rethwisch, 1893, S. 36 f.
[84] Reskript an die Oberpräsidenten vom 30. Oktober 1819, zitiert nach Paulsen, 1921, Bd. 2, S. 332.
[85] Vgl. Mast, 1989, S. 132 ff.
[86] Abgedruckt in: Rönne, Bd. 2, 1855, S. 94 ff.
[87] Instruktion für die Klassenordinarien. In: Rönne, 1855, Bd. 2, S. 94.

cken sollte, könne der Schuldirektor nicht alleine bewerkstelligen, so dass damit auch Lehrer, vorzugsweise Religionslehrer, betraut würden. Ihre Aufgabe sei es, „Schulbesuch und Bücherführung zu kontrollieren, die sittliche und religiöse Führung und den Kirchenbesuch zu beaufsichtigen".[88] Darüber hinaus sollten sie auf Verbindungen und Versammlungen der Schüler achten, deren Zwecke erforschen und gegebenenfalls dem Direktor melden. Schließlich sollte über jeden Schüler eine Akte zur Dokumentation seiner gesamten Schullaufbahn angefertigt werden. Diese „Konduitenlisten" sollten nicht nur die Leistung, sondern auch Verhalten und politische Gesinnung minutiös festhalten.[89]

Als der Disziplin zuträglich wurde auch die Wiedereinführung des Jahrgangsklassensystems, das im 18. Jahrhundert zugunsten eines Fachklassensystems eingeschränkt worden war, erachtet. So sollte das Jahrgangsklassensystem die „Gleichmäßigkeit und Allseitigkeit der Bildung"[90] begünstigen, ein engeres Verhältnis zwischen Lehrer und Schüler fördern und das Vorauseilen und Zurückbleiben der Schüler in einzelnen Fächern verhindern.

Diese starke Beanspruchung der Lehrer und Schüler war nicht nur pädagogisch begründet, so Baumgart, sondern diente auch der Disziplinierung des Gymnasiums. Durch ein hohes Arbeitspensum sollte verhindert werden, dass sich politisch revolutionäre Gedanken verfestigten und ausbreiteten.[91] Ein weiterer Grund war in dem starken Anstieg der Studentenzahlen zu suchen. Hohe Anforderungen sollten ihre Zahl dezimieren und dazu beitragen, dass nur die geeignetsten jungen Menschen ein Studium aufnahmen.[92]

1.3.3 Die Überbürdungsdebatte

Nachdem ein funktionierender Betrieb des Gelehrtenschulwesens geschaffen war, ließen Kritik und Einwände gegen das Schulwesen nicht lange auf sich warten. Die sogenannten Überbürdungsklagen richteten sich gegen Umfang und Art des gymnasialen Unterrichts. Den Heranwachsenden würde durch zu viele Unterrichtsstunden und zu umfangreiche häusliche Aufgaben Schaden zugefügt. Außerdem würde durch diese Schulbildung der Intellekt überbildet, so dass andere Seelenkräfte verkümmerten.

---

[88] Paulsen, 1921, Bd. 2, S. 333.
[89] Vgl. Baumgart, 1990, S. 130.
[90] Paulsen, 1921, Bd. 2, S. 335.
[91] Vgl. Baumgart, 1990, S, 130.
[92] Vgl. Schmid, 1901, Bd. 5, Abt. 1, S. 262 ff.

Schließlich würde die Produktivität der Schüler zu Gunsten der Rezeptivität vernachlässigt, so die Kritiker.[93]

Zum Ausdruck gebracht wurde der schon seit einiger Zeit herrschende unterschwellige Unmut gegen den „enzyklopädischen Universalismus" unter anderen von Friedrich Thiersch. Er bemängelte, dass die Ausdehnung des klassischen und des realistischen Unterrichts in Preußen eine Überladung und Überspannung hervorbringe und die freie freudige Tätigkeit, die Grundbedingung aller wahren Bildung, erdrücke.[94]

Der Historiker Friedrich von Raumer hat in einer Schrift über die preußische Städteordnung von 1828, in der er anthropologisch und bildungsphilosophisch argumentiert, die Kritik ins Grundsätzliche gehoben.[95] Die Gelehrtenschule würde nicht nur von künftigen Gelehrten besucht, so Raumer, sondern auch von Schülern, die einen bürgerlichen Beruf anstrebten. Das Gymnasium würde die verschiedenartigen Bildungs- beziehungsweise Ausbildungsbedürfnisse nicht erfüllen, sondern alle Schüler gleich, nämlich allgemein, bilden. Es sei dem einzelnen Schüler verwehrt, seinen Interessen und Neigungen gemäß Schwerpunkte zu setzen, um sich so zu spezialisieren. Dagegen müsse jeder Schüler in allen Fächern gleichmäßig voranschreiten, was „Lust, Liebe, Geist [und] Individualität" töte. Und insgesamt wachse durch die Überbetonung der klassischen Bildung die Diskrepanz zwischen dem, was von der Zeit verlangt und von der Schule geleistet werde.[96] Das Ministerium rügte die Raumersche Schrift entschieden und belegte Raumer, der es wagte, seine Schrift gegen Anschuldigungen der Oberflächlichkeit und Unqualifiziertheit zu verteidigen, mit einer Ordnungsstrafe „und stellte verschärfte Strafe bei weiterer Renitenz in Aussicht".[97]

Die Überbürdungsklagen verstummten angesichts des energischen Handelns des Ministeriums allerdings nicht. Sie wurden nun auch von Direktoren der Provinzialschulkollegien, die sich auf Erfahrungen und Beobachtungen vor Ort stützten, erhoben. Das brandenburgische Provinzial-Schulkollegium zu Berlin betonte schon in einem Bericht von 1825, dass nicht nur die Schüler unter einer „unerträglichen Überbürdung" litten, sondern auch die Lehrer. Nur mit gesundheitlichen Einbußen sei es den Gymnasiallehrern möglich, täglich sieben Unterrichtsstunden, deren Vor- und Nachbereitung, aufgegebene Exerzitien, Übersetzungen, Aufsätze und die vorgeschriebene Privatlektüre zu bewältigen. Unmöglich hingegen sei

---

[93] Vgl. Rethwisch, 1893, S. 36.
[94] Vgl. Paulsen, 1921, Bd. 2, S. 336.
[95] Vgl. Jeismann, 1996, Bd. 2, S. 222.
[96] Ein Auszug aus von Raumers Schrift ist abgedruckt in: Paulsen, 1921, Bd. 2, S. 336
[97] Jeismann, 1996, Bd. 2, S. 222.

es dem Lehrer, neben seinen Unterrichtsverpflichtungen auch noch die Privatstudien von bis zu 40 Schülern zu leiten. Die Erwiderung des Ministeriums ignorierte die Überbürdungsklagen und relativierte den Mehraufwand der Lehrer mit der Anmerkung, dass den Schülern der Prima und Sekunda lediglich die Muße für Privatlektüre eingeräumt werden müsse. Außerdem sei die Zweckmäßigkeit der Privatlektüre erst nach längerer Beobachtung zu klären.[98]

Einige Jahre später wurde die Diskussion um die Überbürdung durch erneute Kritik des erwähnten Schulkollegiums wieder angeregt. Das Kultusministerium beauftragte das Kollegium aufzuzeigen, auf welchen tatsächlichen Erfahrungen die Kritik beruhe. Es wies aber schon in der Aufforderung darauf hin, dass negative Wirkungen der Schulpläne in dem Übereifer und der Unfähigkeit der für die Umsetzung Verantwortlichen liegen müssten. So gaben vier der fünf vom Schulkollegium eingeladenen Berliner Gymnasialdirektoren an, eine Überbürdung finde an ihren Schulen nicht statt. Das Pensum zwischen 34 und 37 Unterrichtsstunden in der Woche und eine tägliche häusliche Arbeitszeit von fünf Stunden überlaste die Schüler nicht und sei notwendig, um die Anforderungen des Abiturientenreglements zu erfüllen. Lediglich ein Direktor behauptete, eine Überbürdung finde statt und ihm seien sogar Fälle bekannt, dass Schüler aufgrund der geforderten Leistung erkrankt und gestorben seien.[99]

In dem vom brandenburgischen Provinzial-Schulkollegium zu Berlin an das Ministerium geschickten Bericht vom 17. November 1828 hieß es, es bestehe kein Zweifel, dass die Schüler der oberen Klassen zu sehr in Anspruch genommen würden und dass dies nicht nur schädlich für ihren Körper sei, sondern sich auch negativ auf die spätere Geschäftstätigkeit auswirke. Die Anforderungen in den Gymnasien seien sowohl quantitativ als auch qualitativ zu hoch. Hieraus resultiere, dass eine freie Entwicklung der Schüler nicht stattfinde. Jede Möglichkeit, sich eigenständig zu entwickeln und Neigungen zu verfolgen, werde dem Schüler genommen. Der Bericht schließt mit der Forderung, die Unterrichtsstunden auf 30 Wochenstunden zu senken, und nach „mehr Selbsttätigkeit, weniger Verstiegenheit des Unterrichts".[100] Dieser und anderen Vorstellungen entgegnete Schulze in Übereinstimmung mit Minister Altenstein in einem Reskript vom 29. März 1829, dass eine Überbürdung nicht die Folge der Lehr- und Prüfungsordnungen sei, und lehnte eine Minderung der Anforderungen ab. Falls in einigen Fällen eine Überbürdung stattgefunden habe, sei dies zunächst die Schuld der Lehrer und Direktoren, die aus „mißverstandenem Eifer" oder

---

[98] Vgl. Paulsen, 1921, Bd. 2, S. 338.
[99] Vgl. Paulsen, 1921, Bd. 2, S. 339.
[100] Paulsen, 1921, Bd. 2, S. 340.

aus „Mangel an Erfahrung" gehandelt hätten. Aber auch das königliche Konsistorium und das Provinzial-Schulkollegium hätten dann ihre Pflicht, „eingeschlichene Mißbräuche und Mängel unverzüglich abzustellen", vernachlässigt. Schließlich wird in dem Reskript erklärt, dass 32 allgemein verbindliche Lehrstunden ausreichen würden und den Schülern der oberen Klassen fünf und denen der unteren Klassen drei Stunden Heimarbeit zugemutet werden könnten.[101] Paulsen entdeckt an dieser Stelle einen Widerspruch im Handeln Schulzes und unterstellt dem Reskript vom März 1829 indirekt Heuchelei. Schulze müsste Kenntnis davon gehabt haben, dass die Zahl von 32 Wochenstunden an vielen Gymnasien erheblich überschritten worden sei und dass zu dieser Zahl ordentlicher Unterrichtsstunden noch Französisch, teilweise Hebräisch, Sing- und Zeichenunterricht hinzugekommen sei, da er selbst „als Geh. Ober-Regierungsrat hunderte von Programmen" zur Kenntnis genommen haben müsste, „in denen allen die Stundenzahl angegeben war, regelmäßig erheblich über das hinausgehend, was nun auf einmal als das nur durch die Fahrlässigkeit des Provinzial-Schulkollegiums überschrittene Maximum hingestellt wird".[102]

Auch die in der Verfügung vom 11. Oktober 1828 veröffentlichte Interpretation der Abiturordnung von 1812, die Schulze als Verdeutlichung und nicht als Rücknahme der Anforderungen verstanden wissen wollte, „trug deutlich das Zeichen der Selbst-Exkulpation der Behörde an der Stirn".[103] Paulsen beschreibt hierzu pointiert, wie sich der Sachverhalt den als übereifrig und unerfahren beschuldigten Lehrern darstellen musste: „erst wird ein Gebot gegeben, und wenn man dann mit Aufbietung der letzten Kraft es zu erfüllen sucht, so wird man auch noch wegen unverständiger Übertreibung getadelt".[104]

In Zusammenhang mit der Verfügung vom Oktober 1828 erließ das Provinzial-Schulkollegium zu Posen eine Verfügung an ihre Direktoren, die auf Veranlassung des Ministeriums an alle übrigen Provinzial-Schulkollegien zur Kenntnisnahme verteilt wurde. Hierin wurde beklagt, dass die Lerninhalte der unteren Klassen keine dauerhaften Spuren im Gedächtnis der älteren Schüler hinterlassen würden und vor allem der griechische Unterricht wenig erfolgreich wäre. So würden die meisten Schüler, mit Ausnahme von angehenden Philologen und Theologen, nie wieder mit dem Griechischen in Berührung kommen und es schließlich völlig vergessen. Der Grund für den Mangel an Dauerhaftigkeit des Gelernten, den das Provinzial-Schulkolegium identifizierte, stimmte mit dem, den das Ministe-

---

[101] Auszüge des Reskripts vom 29. März 1829, zitiert nach Paulsen, 1921, Bd. 2, S. 340.
[102] Paulsen, 1921, Bd. 2, S. 343.
[103] Jeismann, 1996, Bd. 2, S. 226.
[104] Paulsen, 1921, Bd. 2, S. 345.

rium angegeben hatte, überein. Die Schuld für den Missstand wurde nämlich den Lehrern gegeben, die den Griechischunterricht erteilten, als unterrichteten sie nur zukünftige Philologen. Durch endloses Eingehen auf Detailprobleme und langatmige Textkritiken würden die Schüler von der Sprache verschreckt werden, noch ehe sie sie besser kennen lernten. Statt dessen plädierte das Schulkollegium für eine Vorgehensweise, die die Schüler befähige, griechische Texte zu lesen. Kernelemente dieser Methode sei die beständige Wiederholung und Einübung der grammatischen Formen, der Hauptregeln der Syntax und des Grundwortschatzes.[105]

Mit der Gutheißung und Unterstützung dieser Verfügung gesteht nach Paulsen die Schulverwaltung ein, was sie „ausdrücklich einzugestehen sich weigerte", nämlich „daß die Schule nicht imstande sei, das Ziel zu erreichen, welches dem griechischen Unterricht bei der Neugestaltung des Gymnasiums unter Humboldts Verwaltung war gesteckt worden".[106] Werde aber das Ziel, Texte griechischer Schriftsteller ohne größere Schwierigkeiten zu lesen, nicht erreicht, müsse überdacht werden, ob es gerechtfertigt sei, Schülern, die kein philologisches oder theologisches Studium aufnehmen möchten, das Erlernen der Sprache aufzubürden.[107]

Ihren vorläufigen Höhepunkt erreichte die Überbürdungsdebatte mit den öffentlichen Anfechtungen des Gymnasiums durch den Medizinalrat Karl Ignatius Lorinser. In seiner Schrift von 1836 „Zum Schutz der Gesundheit in den Schulen" schrieb er, dass sich ein krankhafter Zug im Nervensystem der Gegenwart zeige, der in den allgemeinen Lebensumständen seinen Grund habe und durch das Schulsystem stark befördert werde. Das Gymnasium überbürde die Schüler geistig und vernachlässige sie körperlich. Dies geschehe sowohl durch den Umfang als auch durch die Art des Unterrichts.[108] Die Anforderungen der Lehrfächer, die Schulstunden und die häuslichen Arbeiten würden die geistige Entwicklung und die körperliche Gesundheit gefährden. Lorinsers Aufsatz „entfaltete außerordentliche Wirkung und gab der Kritik am Gymnasium eine elementare Wucht".[109] Während die bildungstheoretischen Auseinandersetzungen um Ziele und Gegenstände des Gymnasialunterrichts bis dahin eher im kleinen Kreise, von unmittelbar mit dem Ressort des Kultusminister befassten Männern, diskutiert worden war, wurde nun das Verhältnis von intellektueller Bildung und körperlicher Gesundheit, von Wissen und Leben, von Geist und Kraft öffentlich zur Debatte gestellt. Schließlich „ging es um Gesundheit und Le-

---

[105] Vgl. Paulsen, 1921, Bd. 2, S. 345 f.
[106] Paulsen, 1921, Bd. 2, S. 346.
[107] Vgl. Paulsen, 1921, Bd. 2, S. 346 f.
[108] Vgl. Rethwisch, 1893, S. 37.
[109] Jeismann, 1996, Bd. 2, S. 233.

benstüchtigkeit der kommenden Generation".[110] „So hat Lorinsers Schrift nicht nur dazu beigetragen, die ‚Krise' des Gymnasiums ins öffentliche Bewußtsein zu heben und eine Gymnasialpädagogik hervorzurufen, sondern auch durch eine umfassende und detaillierte Reihe von Vorschriften die Entwicklung eines im Prinzip einheitlich organisierten Gymnasialwesens zum Abschluß zu bringen".[111]

1.3.4 Abschließende Kodifikation der Verordnungen über das höhere Schulwesen in den dreißiger Jahren

In den dreißiger Jahren kamen die Maßnahmen des Altensteinschen Ministeriums zu einem vorläufigen Abschluss. Zu erwähnen sind hier insbesondere die endgültige Regulierung der Lehrerprüfung und der Abiturientenprüfung sowie der Erlass des Lehrplans.

1.3.4.1 Reglement der Lehrerprüfung

Das Reglement für die Lehrerprüfung vom 20. April 1831 wurde als weitere Ausführung des oben erwähnten Edikts von 1810 bezeichnet. Die Prüfung bezog sich einerseits auf die Sprachen Deutsch, Griechisch, Latein, Französisch und Hebräisch und andererseits auf Mathematik, Physik, Naturgeschichte, Geschichte und Geographie sowie Philosophie, Pädagogik und Theologie. In den Anforderungen sei, so Blättner, unschwer die Zweiteilung der Althumanisten in Sprachenbeherrschung (eloquentia) und Sachkenntnisse (sapientia) zu erkennen. Ihre Verbindung solle das Verständnis der Schriftsteller (auctores) ermöglichen. Lediglich die Frömmigkeit (pietas), der die eloquentia und die sapientia dienen, habe hier einen neuen Gegenstand bekommen: „die *Menschheit* in ihrer höchsten Gestalt wird nun verehrt".[112]

Es wurden drei Prüfungsleistungen, eine schriftliche, eine mündliche und Probelektionen verlangt. Hauptfächer, in denen die „facultas docendi" erworben werden konnte waren: erstens die beiden alten und die deutschen Sprache, zweitens Mathematik und Naturwissenschaften und drittens Geschichte und Geographie. Die „unbedingte facultas docendi" erhielt, wer „außer einer genügenden Lehrgabe"[113] wenigstens auf einem dieser drei wesentlichen Gebiete des höheren Schulunterrichts ausreichende Kenntnisse, um diese mit Erfolg in einer der beiden oberen Klassen des Gymnasi-

---

[110] Jeismann, 1996, Bd. 2, S. 233.
[111] Jeismann, 1996, Bd. 2, S. 245.
[112] Blättner, 1960, S. 147.
[113] Schmid, 1901, Bd. 5, Abt. 1, S. 265.

ums lehren zu können, vorweisen konnte. Mit allen anderen Prüfungsgegenständen musste er im Allgemeinen bekannt sein.[114]

Durch diese Prüfungsanforderungen sollte das Ideal des allseitig gebildeten Lehrers verwirklicht und die „Gefahr des Fachlehrertums" gebannt werden.[115]

1.3.4.2 Reglement der Abiturientenprüfung

Dem Reglement für die Abiturientenprüfung vom 4. Juni 1834 gingen Umfragen bei den Universitäten, den Prüfungskommissionen und den Provinzial-Schulkollegien voraus. In den Stellungnahmen und den anschließenden Verhandlungen bestand im Wesentlichen Übereinstimmung, dass die Abiturientenprüfung allgemein verbindlich für den Besuch der Universitäten sein sollte und dass die Anforderungen der Prüfungsordnung von 1812 in einigen Bereichen zu überspannt seien.

Es gab sechs schriftliche Prüfungsarbeiten: einen deutschen und einen lateinischen Aufsatz, eine lateinische Arbeit, eine Übersetzung aus dem Griechischen, eine französische und eine mathematische Arbeit. Angehende Philologen und Theologen sollten darüber hinaus noch eine lateinische Übersetzung eines hebräischen Textes mit grammatischer Analyse leisten. Die mündliche Prüfung beinhaltete zehn Gegenstände und erfolgte in lateinischer Sprache.

Bemerkenswert ist die starke Minderung des Griechischen im Vergleich zu der Ordnung von 1812, die noch eine Übersetzung ins Griechische vorsah. Wie Paulsen betont, mussten die Forderungen im Lateinischen und im Deutschen unbedingt erfüllt werden, wohingegen Mängel in anderen Fächern durch entsprechende Mehrleistungen in den alten Sprachen oder der Mathematik kompensiert werden konnten.[116]

1.3.4.3 Reglement der Lehrordnung der Gymnasien

Am 24. Oktober 1837 wurde durch ein umfangreiches „Circularrescript betreffend die für den Unterricht und die Zucht auf den Gymnasien getroffenen Anordnungen"[117], das sogenannte blaue Buch, der Lehrplan für den Gymnasialunterricht mit einem als allgemein verbindliche Norm vorgeschriebenen Stundenplan in Kraft gesetzt. Der Erlass bildete für mehr als

---

[114] Vgl. Schmid, 1901, Bd. 5, Abt. 1, S. 265.
[115] Vgl. Blättner, 1960, S. 148.
[116] Vgl. Paulsen, 1921, Bd. 2, S. 348.
[117] Abgedruckt bei: Michael / Schepp, 1993, S. 124 ff.

zwei Jahrzehnte das Fundament der Organisation der Gymnasien und wurde 1859 trotz leichter Abänderungen bestätigt.[118]

Den Anstoß für die endgültige Kodifizierung der Lehrordnung nebst deren Rechtfertigung durch Schulze gab die öffentliche Anfechtung des Gymnasiums durch den Medizinalrat Lorinser, dessen oben erwähnte Schrift auch die Aufmerksamkeit des Königs fand. Friedrich Wilhelm III. beauftragte das Kultusministerium, einen Bericht darüber anzufertigen und Vorschläge zur Beseitigung der Missstände zu erarbeiten. Das Ergebnis war die Verfügung vom 24. Oktober 1837, deren Grundlage ausführliche Untersuchungen der Provinzial-Schulkollegien und verschiedene abwehrende, einschränkende und zustimmende Broschüren und Artikel bildeten. Die Verfügung kam zu dem Ergebnis, dass die bestehende Lehrverfassung vernünftig und notwendig sei. Alle Lehrgegenstände würden in einer, dem jugendlichen Alter entsprechenden Stufenfolge vermittelt, stünden in einem für die gymnasialen Zwecke natürlichen und notwendigen Zusammenhang und bildeten eine im Laufe der Jahrhunderte gewachsene organische Einheit. Ursachen für Missstände seien nicht in dem Lehrplan oder bei der Zentralverwaltung zu suchen, sondern an der Peripherie. Die Schuld für aufgetretene Missstände wurde von Schulze also einmal mehr auf andere geschoben. Zum einen seien die Schüler beziehungsweise die Eltern schuld, wenn sie ihre Kinder ohne die nötige Begabung oder körperliche Kraft auf das Gymnasium schickten. Zum anderen liege, laut Schulze, die Verantwortung für Missstände bei den Lehrern, die auf Kosten anderer Lehrfächer ihr Lehrfach übertrieben und so die harmonische Übung aller Kräfte störten. Insbesondere die jüngeren und unerfahrenen Lehrer hätten so gelegentlich die Grenzen des Geforderten überschritten. Darüber hinaus hätte ein Mangel an Methodenkenntnis vielfach zu Missständen geführt, wobei auch wieder vor allem den jüngeren Lehrern Defizite in Pädagogik beziehungsweise in der „schweren Kunst des Unterrichtens"[119] vorgeworfen wurden. Ebenso hätten die Direktoren zuweilen ihre Pflicht, Missständen entgegenzutreten, vernachlässigt. So wurde den Lehrern dringlich nahegelegt, durch intensives Studium ihr methodisches Können fortzubilden. Die Direktoren und Aufsichtsbehörden wurden angewiesen, verstärkt auf die methodische Führung des Unterrichts zu achten und die Fortschritte zu überprüfen.[120] Des Weiteren sollten die Vorgaben in Bezug auf die Klassenordinariate möglichst genau umgesetzt werden, so dass der Sprachenunterricht einer Klasse von möglichst nur einem Lehrer erteilt werde.

---

[118] Vgl. Jeismann, 1996, Bd. 2, S. 246.
[119] Zirkularverfügung vom 24. Oktober 1837, zitiert nach Michael / Schepp, 1993, S. 129.
[120] Vgl. Michael / Schepp, 1993, S. 130.

Insgesamt sollten für die unteren Klassen zwei, für die mittleren drei und für die oberen vier Lehrer Sprach- und Wissenschaftsunterricht erteilen. Die Unterrichtsinhalte und die für die häusliche Arbeit vorgesehenen Lehrstoffe sollten vor jedem Schuljahr bzw. Semester in einer Schulkonferenz festgelegt werden. Bemerkenswert ist, dass die fünf Stunden häusliche Arbeit unerwähnt blieben und dass den Schülern ausdrücklich freie Zeit zur Erholung zugestanden wurde. Auch körperliche Übungen seien in allen Gymnasien gestattet und wünschenswert, aber nicht zur Teilnahme verpflichtend.[121]

Insgesamt war der neue Lehrplan weniger Ausdruck einer Bildungsidee, als vielmehr das Ergebnis eines Krisenmanagements, „das aus den Ideen der Reformzeit in teils selbst gewollter, teils politisch erzwungener Verkürzung und auf dem Boden einer heterogenen und widerständigen Realität pragmatisch die Linie einschlug, auf der das Gymnasium zu einer studienvorbereitenden Anstalt wurde, ohne die Mehrzahl seiner Schüler, die vor dem Abitur abging, auszuschließen".[122]

---

[121] Vgl. Michael / Schepp, 1993, S. 130 f.
[122] Jeismann, 1996, Bd. 2, S. 255.

2. Das Zeitalter der Industrialisierung – Realismus versus Idealismus

Die allgemeine Auffassung von Erziehung und Bildung des neuen Zeitalters „resultierte gewissermaßen aus Grundströmungen und Trends, die mit der Industrialisierung und der großen Umstrukturierung des Lebens im Zuge der Wirtschafts- und Gesellschaftsentwicklung seit den 30er Jahren zusammenhängen. Das Vordringen naturwissenschaftlichen und technischen Denkens auch ins pädagogische Gebiet verlieh diesem nicht nur entsprechende Konturen, sondern veranlaßte auch weitreichende inhaltliche Umgestaltungen".[123] Neben der „Dynamik der Industrialisierung" waren die Bildungspolitik, mit unterschiedlichen Schwerpunktsetzungen sowie „Tradition und Eigeninteresse des überkommenen Bildungssystems und seiner Vertreter" die wichtigsten Wirkfaktoren „für die Entwicklung des Schulwesens im zweiten und dritten Drittel des 19. Jahrhunderts".[124]

2.1 Allgemeine Tendenzen des Zeitalters

Während das öffentliche Leben der klassisch-idealistischen Epoche maßgeblich durch die Literatur und die Kunst, die spekulative Philosophie und das Bildungsideal der persönlichen Vervollkommnung geprägt war und somit vor allem zur ideellen Sphäre tendierte, gewann seit den dreißiger Jahren mehr und mehr die dem realen Leben zugewandte Weltanschauung die Oberhand. Standen nach 1840 zunächst noch politische und kirchliche Fragen im Vordergrund, waren es später hauptsächlich wirtschaftliche und soziale Angelegenheiten, die den Mittelpunkt des Interesses bildeten. An die Stelle der Beschäftigung mit Religion und Metaphysik trat als neuer Leitstern die Erforschung der Natur. Der philosophische Idealismus wurde von Naturalismus und Materialismus verdrängt, und eine Verweltlichung auf allen Gebieten gewann an Bedeutung. Der realistische Zeitgeist prägte nicht nur Kunst, Literatur, Wissenschaft und Bildung, sondern bewirkte auch starke Veränderungen in der Politik und im religiös-kirchlichen Bereich.[125]

Waren die Bürger der Jahrhundertwende weitgehend apolitisch und überließen die Angelegenheiten des Staates der Obrigkeit, begann sich in den 30er Jahren ihre Einstellung zu wandeln. Es erwachte, ausgelöst durch die Kriege gegen Napoleon, ein neues Nationalgefühl. Begriffen sich die Bürger zu den Glanzzeiten des Humanismus noch als Menschen und woll-

---

[123] Hamann, 1993, S. 132 f.
[124] Hamann, 1993, S. 134.
[125] Vgl. Reble, 1999, S. 253 ff.; vgl. auch, Blankertz, 1969. S. 52 f.

ten „nur" Menschen sein, erlebten sie sich nun zunehmend als Bürger des Staates, als Deutsche. Ein „einiges Deutschland und eine freie Verfassung, das waren die Aufgaben, für die sich die akademische Welt begeisterte".[126] Der durch technischen und wirtschaftlichen Fortschritt und Bildung enorm gestiegene Wohlstand der Städte stärkte das Selbstvertrauen der Bürger, die ab jetzt die politischen Ideale der führenden Kreise annahmen. Neben den nationalen und demokratischen Ideen waren insbesondere soziale Spannungen, hervorgerufen durch das Aufbegehren des stark gewachsenen vierten Standes, „treibende Kräfte der politischen Entwicklung".[127]

Gegen die schwindende Bedeutung geistiger, ethischer und religiöser Werte stellte sich vor allem die katholische Kirche. Sie löste sich von dem aus der Zeit der Aufklärung stammenden Kompromiss mit dem Rationalismus und griff bewusst auf Thomas von Aquin und die wortgetreue Auslegung der Heiligen Schrift zurück.[128] In der Wissenschaft verloren die spekulative Philosophie und die humanistische Philologie an Bedeutung. Einzelwissenschaft und Spezialisierung auf immer engere Wissensgebiete beherrschten die wissenschaftliche Landschaft. Die naturwissenschaftliche Forschung drang in den Vordergrund. Man glaubte, dass alle Wissensgebiete durch positive Forschung anhand von empirischen Tatsachen am besten zu bearbeiten seien.[129] Als die „folgenreichste Erfindung" bezeichnete Blankertz die Wendung der Naturwissenschaft zum Experiment und den Willen, daraus Konsequenzen zu ziehen, denn „sie zerstörte die bis dahin geltende anthromorph-teleologische Weltauffassung, verlagerte die Frage nach dem Wesen, der Bedeutung oder dem Zweck der Natur zu der ihrer mathematischen Quantifizierbarkeit".[130]

Schließlich vollzogen sich auf dem Gebiet der philosophisch-historischen Studien enorme Veränderungen. Zu Beginn des 19. Jahrhunderts wurde die bis dahin herrschende klassische Philologie zunehmend von anderen Studien abgelöst. Insbesondere philologische und geschichtliche Studien, die sich mit dem eigenen Volk beschäftigten, erlangten im Zeichen des oben erwähnten neu erwachten Nationalgefühls große Bedeutung. So ging das breite Interesse an der klassischen Philologie verloren, und sie verkümmerte zu einer Spezialwissenschaft, die durch immer feinere Techniken text-kritische, grammatische, sprachgeschichtliche und antiquarische Forschungen für ein kleines Publikum anstellte.[131]

---

[126] Paulsen, 1921, Bd. 2, S. 448.
[127] Reble, 1999, S. 253.
[128] Vgl. Reble, 1999, S. 254; vgl. Paulsen, 1921, Bd. 2, S. 448.
[129] Vgl. Reble, 1999, S. 254 f.
[130] Blankertz, 1969, S. 53.
[131] Vgl. Paulsen, 1921, Bd. 2, S. 450.

Paulsen behauptete, dass die neuhumanistische Gymnasialreform in dieser neu anbrechenden Epoche nicht mehr hätte stattfinden können. Der Widerstand wäre zu groß gewesen, da die herrschende Meinung ganz andere Bildungsinhalte für notwendig erachtet hätte. Vor allem die Mathematik und die Naturwissenschaft, als Eckpfeiler der neuen Kultur, die neueren Sprachen, als wirtschaftliche Notwendigkeit, um mit anderen Völkern Handel treiben zu können, und die germanistischen Studien, in Anlehnung an das neue Nationalgefühl, wären als wichtig und notwendig erachtete Bildungsinhalte betont worden. Statt des klassischen Idealismus wäre der Rationalismus, statt des Prinzips der umfassenden Bildung als Selbstzweck wäre das Prinzip der Nützlichkeit und Brauchbarkeit der Bildung in die Schulen gedrungen.

Die neuen Ansichten konnten sich allerdings angesichts des bestehenden neuhumanistischen Gymnasiums zunächst nicht in der Schulwirklichkeit durchsetzen, sondern verschafften sich nur in vielstimmiger Kritik gegen den König und das Ministerium Eichhorns Ausdruck.[132]

2.2 Das höhere Schulwesen zwischen Vormärz und Reaktion

„Der Thronwechsel von 1840 und der Tod Altensteins lassen als scharfe Zäsur der Bildungsgeschichte hervortreten, was sich längst angekündigt hatte und in der Revolution von 1848 vollen Ausdruck fand: Der prekäre Kompromiß zwischen den pädagogisch-politischen Vorstellungen der Humboldtschen Bildungsreform und der Räson des restaurativen Verwaltungsabsolutismus, den das Ministerium Altenstein zu finden und zu erhalten suchte und auf den die Unterrichtsverwaltung den Aufbau des gymnasialen Schulwesens gegründet hatte, verlor seine ideellen und materiellen Voraussetzungen. ... Mit voller Wucht ... schlugen die kirchenpolitischen Antagonismen der Zeit auf das Bildungswesen durch, während zugleich die beginnende industrielle Entwicklung und der Aufstieg des Wirtschaftsbürgertums die Bildungsidee des Neuhumanismus in immer fernere Distanz rückte".[133]

„Der emanzipatorische Impuls der revolutionären Bewegung äußerte sich auch im Unterrichtswesen im Versuch zur Umkehr der Entscheidungsverläufe. An Stelle des Verordnungsweges trat die Willensbildung von unten".[134] In den anderthalb Jahren der Revolutionswirren war die „Schulfrage" Sache der gewählten Vertreter in den Parlamenten sowie in einer Vielzahl von Initiativen, Versammlungen und Konferenzen. Die „bürokra-

---

[132] Vgl. Paulsen, 1921, Bd. 2, S. 455.
[133] Jeismann, 1996, Bd. 2, S. 463.
[134] Jeismann, 1996, Bd. 2, S. 547.

tische Regulierung des Unterrichtswesens" schien „durch Selbstbestimmung der Lehrerschaft oder der Abgeordneten außer Kraft gesetzt. Allerdings blieb diese Selbstbestimmung auf ausführlichen, öffentlichen Gedankenaustausch und auf die Formulierung von Gesetzestexten, Programmen und Resolutionen beschränkt, denen während der Revolution die exekutive Kraft und nach der Revolution auch der exekutive Wille fehlte".[135]

Die progressiven Forderungen der Revolutionszeit beantwortete die konservative Verwaltung der einsetzenden Reaktionszeit mit Eingrenzung und Normierung, Ausbau der Bürokratie und der Regulierung von Bildungslaufbahnen. Ihre normativen Vorgaben gaben der „Entwicklung des Unterrichtswesens in einer Periode der Expansion der Bildungsanstalten die Richtung auf ein grundständig differenziertes oder segmentiertes Schulsystem, das sich immer enger mit Berufskarrieren und Sozialchancen verknüpfte und dessen weitere Entfaltung in hohem Maße durch berufsständische und soziale Statusinteressen bestimmt wurde. Im höheren Schulwesen versteiften sie die Fronten zwischen humanistischen und realistischen Bildungsgängen, die 1849 schon aufgelöst schienen – eine Retardierung, die mentale und soziale Hürden zwischen den Gebildeten im Kaiserreich aufrichtete".[136]

2.2.1 Das Gymnasium in den Jahren vor der Revolution 1840 – 1848

„Mit dem Regierungsantritt des romantisch-restaurativ gesinnten Königs Friedrich Wilhelm IV. im Jahre 1840 und unter dem neuen hochkonservativen Kultusminister Eichhorn verstärken sich die streng kirchlichen Tendenzen in der Schulpolitik und das politische Mißtrauen gegen eine ‚verstiegene Bildung' ".[137] Die Haltung des Königs und seine temperamentvollen Ausfälle „gegen die ‚irreligiöse Massenweisheit' und die ‚unheilvollen Einflüsse eines vergifteten Zeitgeistes' kennzeichnet den Geist der Schulverwaltung auch für die acht Jahre vor der Revolution".[138]

2.2.1.1 Gymnasialpolitik Friedrich Wilhelm IV – Das Ministerium Eichhorn

Der Regierungsantritt Friedrich Wilhelm IV. im Jahr 1840 war begleitet von großen Hoffnungen liberaler Reformer. Aber der König entsprach

---

[135] Jeismann, 1996, Bd. 2, S. 547.
[136] Jeismann, 1996, Bd. 2, S. 548.
[137] Giese, 1961, S. 28.
[138] Giese, 1961, S. 28.

zunächst nicht ihren Wünschen. Erst die Revolution von 1848 veranlasste ihn zu Zugeständnissen.[139]

In seinen ersten Regierungsjahren – bis 1848 – „herrschte die idealistische Gefühlspolitik"[140] Friedrich Wilhelm IV. Sein höchstes Ziel war, Deutschlands einstige Macht und Herrlichkeit wiederherzustellen. Die Opfer und den Einsatz für das Wohl des Vaterlandes, die er bereit war für sein Ziel zu bringen, forderte er von allen Deutschen. Den deutschen Gedanken verband er eng mit dem christlichen. Für ihn war das deutsche Volk ein christliches, und seine Aufgabe wäre das Christentum „zu erfassen und Segen über die Welt damit zu verbreiten".[141] Dabei erachtete der König die Unterschiede zwischen katholischen und evangelischen Bekenntnissen als nicht so entscheidend. Vielmehr betonte er, selbst Protestant, deren gemeinsame Grundlage, das biblische Christentum. „Ein auf Stammes- und Glaubensgemeinschaft im Frieden erbautes deutsches Reich bildet das Strebeziel Friedrich Wilhelm IV".[142] Neben dieser Grundeinstellung des Königs waren zwei weitere Gesichtspunkte für die neue Gymnasialpolitik entscheidend. Erstens verachtete Friedrich Wilhelm IV. das Regieren durch Verfügungen und Erlasse, durch Papiere jeglicher Art. Er war nicht darauf bedacht, ein „papierener Scheinkönig" zu sein, der den Menschen nur in Form von Formeln und Papieren begegnet, sondern wollte vielmehr mit seiner Person für seine Ideen einstehen und über persönliche Kontakte regieren. So war er bemüht, durch persönliche Belehrungen und Anweisungen zu wirken und forderte diese Vorgehensweise auch von seinen Räten.[143] Zweitens hielt er reines Wissen, das nicht der Gesinnung oder einem Zweck diente, für überflüssig und sogar schädlich und stellte sich somit gegen das neuhumanistische Ideal der allseitigen Bildung. „Nicht das Wissen von allen Dingen, sondern das Können auf beschränktem Gebiet macht den tüchtigen Mann"[144], war seine Überzeugung. Viel wichtiger als die Bildung war ihm die Gesinnung und das Streben nach zweckgebundenem Wollen und Wirken. Bildung sollte in Tatkraft umgesetzt werden, und die Jugend sollte daran gewöhnt werden, Bildung nicht mehr als Eintritt in ein besseres Leben zu sehen, sondern als eine Ehrenpflicht zum bestmöglichen gemeinnützigen Handeln.[145]

---

[139] Vgl. Michael / Schepp, 1993, S. 167.
[140] Paulsen, 1921, Bd. 2, S. 456.
[141] Rethwisch, 1893, S. 69.
[142] Rethwisch, 1893, S. 69.
[143] Vgl. Paulsen, 1921, Bd. 2, S. 456 f.
[144] Paulsen, 1921, Bd. 2, S. 457.
[145] Vgl. Rethwisch, 1893, S. 70; vgl. auch Apel, 1984, S. 219.

In seinem Bemühen „alle Vaterlandsfreunde um sich zu scharen"[146] und mit wichtigen Aufgaben zu betreuen, wählte Friedrich Wilhelm den ehemaligen Direktor im auswärtigen Ministerium, Johann Albrecht Friedrich Eichhorn, einen national gesinnten Staatsmann, zu seinem Kultusminister. Während die Ernennung Eichhorns von der öffentlichen Meinung gutgeheißen wurde, erregte die Berufung des Schulrates Gerd Eilers zum vortragenden Rat für das höhere Unterrichtswesen Verstimmung, vor allem bei den Hegelianern. Sie sahen die Berufung Eilers als Vorstoß an, den Hegelianismus zu Gunsten eines theologischen Positivismus zu verdrängen.[147] Insbesondere mit Johannes Schulze, der dem Ministerium noch bis 1858 angehörte, geriet Eilers gelegentlich aneinander.

2.2.1.2 Die Haltung des Ministeriums Eichhorn – Christliche versus humanistische Bildung

In einer Schrift über das Ministerium Eichhorn, in der er die Aufgaben der bevorstehenden Bildungsreform umriss, warf Eilers dem Gymnasium eine „Überbürdung mit einer erdrückenden Menge von Unterrichtsgegenständen"[148] vor. Die durch zu hohe Anforderungen hervorgerufene Mutlosigkeit und Mühsal der Schüler und Lehrer sei durch „Vereinfachung der Lektionspläne, Sicherstellung der klassischen, der humanen, der sittlichen, der religiösen Bildung gegen die Einflüsse des Zeitgeistes"[149] zu bekämpfen. Vor allem stand Eilers der humanistischen Bildung feindselig gegenüber. Er war der Ansicht, dass sie unvereinbar mit sittlich-religiöser Bildung sei. Diese Einstellung teilte er mit vielen Intellektuellen der 40er Jahre, wie zum Beispiel Hengsterberg, der in seiner Kirchenzeitung 1842 einen sich ausbreitenden unchristlichen Geist auf den Gymnasien anprangerte, dessen Ursache er in der Bildung eines eigenen Gymnasiallehrerstandes sah. Durch die philologisch und philosophisch gebildeten Lehrer und Direktoren würden die Schüler von der Kirche und der Theologie abgewendet werden. Daher forderte er, dass die Lehrer und Schulleiter wieder Theologen werden sollten und falls dies nicht möglich wäre, sollten sogar von der Kirche eigene Lehranstalten für die Rekrutierung künftiger Kirchendiener errichtet werden. In eine ähnliche Richtung ging ein von Theodor Rumpel, einem Lateinschullehrer, verfasster Artikel in der Eilers nahestehenden „Literarische Zeitung". Auch hier wurde der Geist, der in

---

[146] Rethwisch, 1893, S. 69.
[147] Vgl. Schmid, 1970, Bd. 5, Abt. 1, S. 281.
[148] Paulsen, 1921, Bd. 2, S. 463.
[149] Eilers: Zur Beurteilung des Ministeriums Eichhorn, zitiert nach Paulsen, 1921, Bd. 2, S. 463.
Vgl. auch Schmid, 1970, Bd. 5, Abt. 1, S. 281 f.

den Gymnasien herrschte, als unchristlich und „antik-heidnisch" beschrieben. F. A. Wolf, der Begründer des neuen Gymnasiallehrerstandes, wurde ebenso als „vollständiger Heide" bezeichnet, und es wurde ihm vorgeworfen, die Theologen aus der Schule verdrängt zu haben.[150] Eilers billigte den Artikel ausdrücklich und lobte die durch ihn erzwungene Selbstprüfung als eine heilsame Wirkung.[151] Der Artikel zog zahlreiche Veröffentlichungen und Schriften nach sich, in denen sich die Philologen zu verteidigen suchten. So zum Beispiel einen Artikel von Friedrich Thiersch, der darauf hinwies, dass sich die Philologen, um der antikirchlichen Stimmung der Aufklärung zu entgehen, auf das neutrale Terrain der klassischen Studien geflüchtet hätten und dass in Bayern die Philologen mit der Kirche „im besten Frieden" lebten. In den vielen Publikationen gegen die Verunglimpfung der Philologen und der humanistischen Bildung wurde die Ablehnung der geplanten Gymnasialreform und die Verachtung gegen ihre Initiatoren laut. Sie konnten allerdings nicht widerlegen, dass zum einen der neuhumanistische Geist im Sinne Humboldts und Wolfs nicht mit dem christlichen Gedankengut verwurzelt war und zum anderen, dass das Gewicht in den (norddeutschen) Gymnasien auf neuhumanistischen Inhalten lag. Die Verteidiger des bestehenden Gymnasiums versuchten vielmehr zu zeigen, dass das Hellenentum nicht in Konkurrenz zum Christentum stehe, und dass sich beides zu einem Ganzen vereinen lasse.

2.2.1.3   Erfolglosigkeit der Bildungspolitik im Vormärz

Die geschilderten Vorstellungen und Forderungen des Ministeriums Eichhorn führten nicht zu den Zielen der angestrebten Bildungsreform. Nur ein geringer Teil der Reformgedanken konnte in die Praxis umgesetzt werden. Den Grund für diesen Mangel sah Eilers in der Wirkungslosigkeit von Verordnungen und Erlassen. Es sei notwendig und erfolgversprechender über persönlichen Einfluss, ganz im Sinne des Königs, auf die Menschen zu wirken. So plante er mehrere Male, alle Schuldirektoren einzuladen, um sie von seinen Plänen zu überzeugen, wozu es allerdings nie kam.[152]

Das bedeutendste Ereignis war die Wiedereinführung des Turnunterrichts. Mit der Kabinettsordre vom 6. Juni 1842[153] „wurden die Leibesübungen als ein notwendiger und unentbehrlicher Bestandteil der männlichen Erziehung aufs neue anerkannt und die Aufnahme des Turnunterrichts in den Lehrplan aller höheren Schulen angeordnet".[154] Durch das Turnen

---

[150] Vgl. Paulsen, 1921, Bd. 2, S. 464 f.
[151] Vgl. Apel, 1984, S. 219.
[152] Vgl. Paulsen, 1923, Bd. 2, S. 470.
[153] Abgedruckt in: Giese, 1961, S. 128.
[154] Wiese: Das höhere Schulwesen, zitiert nach Schmid, 1901, Bd. 5, Abt. 1, S. 282.

sollten nicht nur die Gesundheit und der Charakter gestärkt, sondern auch die Wehrfähigkeit der Nation gefördert werden. „Turnen wurde als eine Art vormilitärischer Erziehung entdeckt".[155] Die enge Verbindung des Schulturnens mit der Landesverteidigung zeigte sich auch in der etwas später errichteten Königlichen Zentralen-Turnanstalt, in der die Turnlehrer für die Schulen und für das Heer ausgebildet wurden.[156]

Die erste Hälfte der Regierungszeit Friedrich Wilhelm IV. brachte kaum einschneidende Veränderungen im preußischen Unterrichtswesen. „Die Politik des Ministeriums Eichhorn war ... eine scheiternde Etappe der Versuche, das Bildungswesen den Vorstellungen eines antirevolutionären, antiliberalen, neuständischen und orthodox-kirchlichen Herrschaftssystem anzupassen".[157] Als „Fußnote in der Geschichte des preußischen Gymnasiums" bezeichnete Jeismann die Wendung der Bildungspolitik im Vormärz, die allerdings dazu beigetragen habe, „den revolutionären Forderungen auf Umgestaltung des Unterrichtswesens 1848 / 49 mehr Aggressivität zu verleihen, als sie dem Ministerium Altenstein begegnet wäre".[158]

2.2.2 Das Gymnasium während der Revolution 1848 – 1849

G. Lüttgert fasste die Ereignisse der Schulpolitik der Revolutionsjahre bildlich so zusammen: „Es war, als ob eine schützende, aber auch beschwerende Decke aufgehoben würde, unter der viele Keime und Knospen schlummerten, die nun in der Sonne der neuen Freiheit erblühten".[159] Außerhalb der zentralen politischen Entscheidungsprozesse und befreit von den Auflagen der Zensur wurde in vielen Versammlungen der Lehrer und ihrer Presse über die Fragen der nationalen Bildungsorganisation ausführlich diskutiert.[160] Überall wurden ähnliche Forderungen laut, wie die nach einer Nationalerziehung, der Verstaatlichung der Schulen, der Stärkung der Selbständigkeit der Lehrer und nach einer Erweiterung ihres Handlungsspielraumes. Darüber hinaus befürworteten viele Lehrer eine Hebung der Realschule bis zur Gleichstellung mit dem Gymnasium. Baumgart wies

---

[155] Jeismann, 196, Bd. 2, S. 476.
[156] Vgl. Rethwisch, 1893, S. 70.
[157] Jeismann, 1996, Bd. 2, S. 475.
[158] Jeismann, 1996, Bd. 2, S. 476.
[159] Lüttgert, zitiert nach Jeismann, 1996, Bd. 2, S. 547.
[160] Vgl. Tenorth, 1992, S. 170 f.
Aus der Flut der Schulprogramme, Flugschriften und Petitionen ragten, so Baumgart, nur wenige Schriften heraus, wie etwa Eduard Hintzes „Aufruf an den preußischen Lehrerstand", Friedrich Kapps „Aufruf zur Umgestaltung der deutschen Nationalerziehung", und Gustav Thaulows „Plan einer Nationalerziehung" (vgl. Baumgart, 1990, S. 161).

darauf hin, dass die Nationalerziehungspläne auch Ausdruck einer massiven Standespolitik der Lehrer gewesen sei. „Die Forderungen nach einer tiefgreifenden Reform von Schule und Erziehung waren ohne Zweifel und in starkem Maße durch die Hoffnung motiviert, damit die eigene Lage, die rechtliche, soziale und ökonomische Situation der Lehrer zu verbessern".[161] In Bezug auf den Gymnasialunterricht beschrieb Paulsen drei Strebungen. Erstens die Beschränkung des altsprachlichen Unterrichts zugunsten der lebenden Sprachen und der Naturwissenschaften. Zweitens die Einschränkung des Lateinischen und Stärkung des Griechischen. Und drittens die Ausdehnung der Lektüre und die Minderung der Schreib- und Sprechübungen.[162]

Trotz der teilweise weit auseinanderliegenden Anschauungen und sich widersprechenden Reformvorstellungen gelang es den Fachmännern auf der von Kultusminister Adalbert von Ladenberg einberufenen Landesschulkonferenz 1849, zusammenhängende Entwürfe zur Neuordnung des höheren Schulwesens vorzulegen. Die Konferenz setzte sich aus 20 Vertretern des Gymnasiums und elf der Realschule zusammen und tagte unter dem Präsidium des Geheimen Oberregierungsrates Kortüm.[163]

Das Zustandekommen dieser Konferenz betrachtete Jeismann als „eine Epoche in der Geschichte der staatlichen Schulverwaltung".[164] Es sei der Anfang vom „sich lange hinziehenden Ende der ‚bürokratischen Pädagogik' und das erste Zeichen der Wende zur öffentlichen Mitberatung und Beschlußfassung über Fragen des Unterrichtswesens durch gewählte Fachleute".[165]

Der leitende Gedanke, der die Entwürfe der Konferenz durchzog, war Rethwisch zufolge die Bewahrung und Mehrung des vaterländischen Bildungsschatzes. Bildung sollte dem Vaterland nützen und ihm zu Macht und Größe verhelfen. „Bewahren und mehren wollen wir das von den Vätern ererbte edle Gut unserer Geistesbildung, um im Dienste des Vaterlandes der Welt damit zu nützen".[166] So sollte die Förderung des staatsbürgerlichen Einheitsgefühls einen Grundzug im neuen Lehrgang der höheren Schulen bilden. Diese Grundhaltung leitete maßgeblich das Bestreben, eine gemeinsame Unterstufe der höheren Schulen einzurichten. Eine gemeinsame Unterstufe habe nicht nur nationalen Wert, so Rethwisch, sondern durch das

---

[161] Baumgart, 1990, S. 162.
[162] Vgl. Paulsen, 1923, Bd. 2, S. 474.
[163] Vgl. Schmid, 1901, Bd. 5, Abt. 1, S. 318 f.
[164] Jeismann, 1996, Bd. 2, S. 578.
[165] Jeismann, 1996, Bd. 2, S. 578.
[166] Rethwisch, 1893, S. 74.

Beisammensein der Schüler auch eine soziale Bedeutung.[167] Auf die einheitliche Unterstufe, das Untergymnasium mit drei Jahreskursen, sollten nach den Beschlüssen der Konferenz zwei Formen des Gymnasiums folgen, das „Obergymnasium" und das „Realgymnasium" jeweils mit drei Klassen und fünf Jahreskursen. Das Untergymnasium sollte zum einen auf die beiden Gymnasien vorbereiten und zum anderen den Schülern, „die ins bürgerliche Leben übertreten, einen für sich bestehenden Kurs"[168] bieten. Um einen in sich geschlossenen Kursus anzubieten, sahen die Entwürfe unter anderem vor, als Fremdsprachen Lateinisch und Französisch, jedoch kein Griechisch zu lehren. Das Obergymnasium sollte vornehmlich für diejenigen bestimmt sein, die ein wissenschaftliches Universitätsstudium auf der Grundlage ihrer in der Schule erworbenen Kenntnisse des klassischen Altertums aufnehmen wollten. Das Realgymnasium richtete sich vornehmlich an jene Schüler, „welche sich hauptsächlich auf der Grundlage moderner Bildungselemente für die verschiedenen Richtungen des bürgerlichen Lebens eine allgemeine wissenschaftliche Bildung erwerben, oder sich für höhere Fachschulen und für Studien innerhalb der philosophischen Fakultät vorbereiten wollen".[169] Hiermit wollte die Konferenz dem „Stande der Kulturentwicklung", die „eine ganze Reihe von höheren Berufsfächern, zu denen höhere Schulbildung, aber nicht ... Unterricht in den beiden alten Sprachen gehörte"[170] Rechnung tragen. Es sollten als Fremdsprachen Französisch und Englisch gelehrt werden. Latein war nicht als verbindliches Lehrfach an den Realgymnasien vorgesehen, blieb aber Voraussetzung für den Universitätsbesuch.[171]

Die Beschlüsse und Gutachten der Schulkonferenz von 1849 und ähnlicher Konferenzen für das Volksschulwesen und die Universitäten bildeten die Grundlage für den vom Ministerium Ladenberg vorgelegten Unterrichtsgesetzentwurf von 1850, der allerdings in einigen Punkten von ihnen deutlich abwich. Es fehlten die Bezeichnungen Ober-, Unter- und Realgymnasium. Realabiturienten sollten keine Berechtigung zum Universitätsstudium erhalten, sondern nur zum Besuch der höheren Fachschulen, und schließlich wurde der Kurs der Realschule auf acht und der des Gymnasiums auf neun Jahre festgelegt.[172]

---

[167] Rethwisch, 1893, S. 74.
[168] Paulsen, 1921, Bd. 2, S. 477.
[169] Beschlüsse der Landesschulkonferenz 1849, zitiert nach Paulsen, 1921, Bd. 2, S. 477.
[170] Rethwisch, 1893, S. 75.
[171] Vgl. auch Schmid, Bd. 5, Abt. 1, S. 318 f.
[172] Vgl. Paulsen, 1921, Bd. 2, S. 478; vgl. auch Jeismann, 1996, Bd. 2, S. 593 f.

Auch wenn die Schulgesetzentwürfe nie als Gesetz erlassen wurden, bildeten sie doch das Richtziel für eine spätere Zukunft. Die Gedanken und Strebungen der Revolutionszeit überlebten die Periode der Reaktion (1850–1866) und prägten die sich daran anschließende Entwicklung des höheren Schulwesens.[173]

2.2.3 Das Gymnasium während der Phase der Reaktion 1850 – 1866

Mit der auf die niedergeschlagene Revolution von 1848 folgenden Zeit der politischen Reaktion setzte auch eine entsprechende Reaktion gegen die Strebungen im gelehrten Schulwesen ein. Die preußische Schulpolitik wurde zunehmend von einem „restaurativ-christlich-orthodoxem Geist"[174] beherrscht.

2.2.3.1 Minister von Raumer – Ludwig Wiese

Ende 1850 übernahm Karl Otto von Raumer das Kultusministerium von Minister von Ladenberg. Unter seiner Leitung sollte „die Verwaltung wieder in sichere Bahnen" gelenkt und an „die abgerissenen Fäden der historischen Entwicklung wieder"[175] angeknüpft werden. Von Raumers Politik sei im Ganzen eine Fortführung der Politik Eichhorns gewesen, schrieb Paulsen. Allerdings habe Eichhorn versucht, mit geistigen Mitteln über Gesinnungsänderungen zu wirken, während von Raumer seine Ziele mit politischen Mitteln zu erreichen suchte. Seine wichtigste Aufgabe habe von Raumer in der Befestigung der Ordnung gesehen.[176] Der Geist, in dem er das Gelehrtenschulwesen zu leiten beabsichtigte, werde, so Schmid, besonders in einem Ausspruch gegenüber Wiese deutlich: „Die Gymnasien sollen die Jugend zu gottesfürchtigen Menschen erziehen und ihr eine tüchtige wissenschaftliche Ausbildung geben, besonders durch Einführung in das klassische Altertum".[177]

Die Leitung des Gymnasialwesens übertrug er 1852 Ludwig Wiese, der als „vortragender Rat und Referent für das Gymnasialwesen" dessen Angelegenheiten bis 1875 leitete. Eine durch „sittlich-religiöse Jugenderziehung und Selbstzucht" geprägte „kernige, markige Persönlichkeit" schrieb Rethwisch ihm zu.[178] Und Paulsen zufolge zeichneten den studierten Theologen und Philologen eine umfangreiche Bildung und scharfe Urteilsfähig-

---

[173] Vgl. Paulsen, 1921, Bd. 2, S. 478.
[174] Michael / Schepp, 1993, S. 169.
[175] Wiese: Lebenserinnerungen, zitiert nach Schmid, 1901, Bd. 5, Abt. 1, S. 330.
[176] Vgl. Paulsen, 1921, Bd. 2, S. 491.
[177] Wiese: Lebenserinnerungen, zitiert nach Schmid, 1901, Bd. 5, Abt. 1, S. 330.
[178] Rethwisch, 1893, S. 80.

keit sowohl als Schriftsteller, als auch als Beamten aus. In der „Schule der Reformation"[179] sah Wiese sein Bildungsideal verwirklicht, welches er als „die Verbindung der Wissenschaft mit dem christlichen Glaubensleben"[180] formulierte. „In ihr hat das deutsche Gymnasium seinen Ursprung gehabt, in der Rückkehr dazu sah ich das Heil der Jugend und unseres Volkes".[181] Reine Humanitätsbildung ohne Bezug zur christlichen Lehre, erachtete er als nicht in die Tiefe gehend und wertlos.[182] Wieses gymnasialpädagogische Ansichten waren denen der Kläger gegen die Überbürdung ähnlich. Wie einige Jahre zuvor die Stimmen gegen Johannes Schulze und dessen Universalismus beklagte Wiese in einem Artikel über die christlichen Gymnasien, dass die „Mannigfaltigkeit des Lektionsplans, verbunden mit einer dem Klassensystem widersprechenden Gleichstellung der Objekte ... in vielen Fällen zu einer Überbürdung und Verwirrung des jugendlichen Geistes"[183] geführt habe. Er forderte eine größere Einfachheit und Einheit des Unterrichts. Der Unterricht bestehe nur aus von einander getrennten, auf Enzyklopädie angelegten Einzelobjekten, so dass dem Schüler nicht bewusst werde, dass alles Einzelne einen gemeinsamen Mittelpunkt habe. Die Schüler „müssen zu oft wie von vorn anfangen und können darum ihres Lernens und Wissens nicht recht froh werden".[184] Neben dem Verlust der Einheit des gesamten Unterrichtsziels beklagte Wiese den Mangel an einer individualisierenden Behandlung des Zöglings. Weitere Kritikpunkte seines Aufsatzes waren die rationalisierende Behandlung des Unterrichts, vor allem im Religionsunterricht und im Deutschunterricht sowie der Mangel an „gedächtnismäßiger Aneignung".[185]

Mit seiner Meinung, der Kurs des Gymnasiums müsse vereinfacht und auf das Lateinische konzentriert werden, nach dem Vorbild des „Gymnasiums Melanchthons"[186], stimmte er mit seinem Vorgänger Eilers überein. Auch Minister von Raumer teilte ihre Ansicht und befürwortete alle Bestrebungen, die dazu führten, den Schülern hohe Fertigkeiten im mündlichen und schriftlichen Latein zu vermitteln. Darüber hinaus äußerte er sich mit Verbitterung über die Überbürdung und tadelte insbesondere den Umfang der häuslichen Arbeiten.

---

[179] Rethwisch, 1893, S. 80.
[180] Wiese: Lebenserinnerungen, zitiert nach Schmid, 1901, Bd. 5, Abt. 1, S. 330.
[181] Wiese: Lebenserinnerungen, zitiert nach Schmid, 1901, Bd. 5, Abt. 1, S. 330.
[182] Vgl. auch Jeismann, 1996, Bd. 2, S. 606.
[183] Der Artikel erschien in der „Deutschen Zeitschrift für christliche Wissenschaft und christliches Leben" im März 1851. Zitiert nach Paulsen, 1921, Bd. 2, S. 502 f.
[184] Wiese, zitiert nach Paulsen, 1921, Bd. 2, S. S. 503.
[185] Vgl. Paulsen, 1921, Bd. 2, S. 503.
[186] Vgl. Jeismann, 1996, Bd. 2, S. 601.

2.2.3.2 Das Verhältnis von Altertum und Christentum

Zu Beginn seines Amtsantritt bemühte Wiese sich zunächst darum, die Unentbehrlichkeit der wissenschaftlichen und vor allem der klassischen Bildung zu verdeutlichen. Nach dem sehr polemisch geführten Streit zwischen dem Ministerium Eichhorns und den Philologen, denen jenes Unchristlichkeit vorgeworfen hatte, sah Wiese seine dringlichste Aufgabe darin, sein Ministerium und die Regierung mit den Philologen zu versöhnen. Seinem oben genannten Bildungsideal entsprechend trat er dafür ein, theologische und philologische Studien zu vereinen. Anlässlich der Gründung eines christlichen Gymnasiums in Gütersloh 1851 betonte Wiese auf einer Philologenversammlung im gleichen Jahr in Erlangen, „daß sich die alten Gymnasien das Prädikat der Christlichkeit nicht nehmen lassen können und wollen".[187]

In der nächsten Sitzung der Versammlung wurden Thesen über das Verhältnis des Christentums zum Altertum festgehalten, die ausdrückten, unter welchem Geist die Gymnasialpolitik in dem Zeitalter stand.[188] In den Thesen wurde betont, dass das Verhältnis der klassischen Literatur zum Christentum kein feindliches sei, sondern dass die klassische Literatur „in ihrem religiösen Gehalt" als Vorstufe des Christentums betrachtet werden könne und dass der christliche Geist die Liebe zur Humanität, wie sie die klassische Literatur offenbare, nicht ausschließe. Die Liebe zum Christentum schließe die Liebe zur Kirche ein, da nur sie seine Segnungen vermittle, so dass der Lehrer die Kirche nicht ignorieren dürfe. Der christliche Glaube solle „das Herz des ganzen Unterrichts" in der gelehrten Schule bilden und als Norm dienen, an der die „Bedeutung für das innerste Leben" der anderen Unterrichtsinhalte gemessen werden könne. Schließlich wurde noch betont, dass der andere Unterricht, insbesondere der klassische, nicht vom Religionsunterricht verdrängt und absorbiert werden dürfe.[189] In Anlehnung an die Thesen stimmten die Mitglieder der Versammlung überein, dass Lehrer, die theologische Studien mit philologischen vereinten, am geeignetsten wären, in ihrem Sinne zu wirken. Die in den Thesen zum Ausdruck gebrachte Vereinbarkeit zwischen der klassischen Philologie und der christlichen Lehre war bezeichnend für die Bemühungen der Vertreter beider Seiten, die zu Eichhorns Zeiten so arg aneinander geraten waren, Frieden zu schließen. Paulsen sah als Grund für die Neigung, das Hellenentum und das Christentums als sich gegenseitig ergänzend zu betrachten, anstatt ihre tiefen Gegensätze herauszustellen, vor allem politische Erwägungen. So hätten einerseits die Theologen eingesehen, dass die kirchliche Leitung der

---

[187] Schmid, 1901, Bd. 5, Abt. 1, S. 328 f.
[188] Vgl. auch Baumgart, 1990, S. 196 ff.
[189] Die Thesen der Versammlung sind vollständig abgedruckt in Giese, 1961, S. 155 f.

Gymnasien nicht wiederkehren würde, so dass sie das Schulregiment der klassischen Philologie als das am wenigsten Bedenkliche gebilligt hätten. Andererseits hätten die Philologen angesichts des Revolutionsjahres gemerkt, wie unsicher ihre Stellung wäre, so dass sie es sich nicht mit der Autorität verderben wollten.[190]

2.2.3.3 Versuche zur Stärkung der Religion in den Gymnasien

Die preußische Regierung wollte in ihrem Bestreben, den christlichen Charakter der Gymnasien zu stärken, das theologische Bildungsniveau der Lehrer heben und verstärkt Theologen für den Schuldienst gewinnen. Um diese Ziele zur erreichen, wurden zum einen den Theologen die Lehramtsprüfung durch eine Anordnung von 1853 erleichtert, und zum anderen wurden die theologischen Fakultäten durch ein Reskript aufgefordert, theologische Vorlesungen für künftige Gymnasiallehrer anzubieten. Die Kirche unterstützte die Bemühungen des Schulregiments, indem der Oberkirchenrat seinen Generalsuperintendenten durch einen Erlass an ihre Pflicht erinnerte, „auf die religiöse und kirchliche Tendenz der gelehrten Schulen zu achten".[191] Dies sollte unter anderem durch die Aufsicht über den Religionsunterricht geschehen, durch Hospitationen von Unterrichtsstunden, durch die Kontrolle der Lehrbücher sowie durch die Überprüfung der Kirchenbesuche der Schüler unter Teilnahme der Lehrer.[192] Die Maßnahmen, den Gymnasiallehrern und durch sie den künftigen Generationen der Gebildeten die Religion und die Kirche wieder näherzubringen, beurteilte Wiese im Nachhinein resignativ als Misserfolg. In seinen Lebenserinnerungen schrieb er, dass der Religionsunterricht meist isoliert von den übrigen Fächern existierte. Ein Religionsunterricht, der über eine reine Wissensvermittlung hinausgehe und das Gemüt der Schüler bewege, sei die Ausnahme. Dies betonte er auch noch einmal in einer Schrift von 1890 mit dem Titel: „Der evangelische Religionsunterricht im Lehrplan der höheren Schulen".[193] Hier schrieb er, dass die Schule kaum in der Lage sei, die Schüler zu einem lebendigen Christentum zu führen, sie im kirchlichen Sinn zu erziehen und ihnen eine sittliche Ausrüstung fürs Leben mitzugeben. Der Religionsunterricht habe sogar nicht selten die gegenteilige Wirkung: „die Religionsstunden sind vielen die langweiligsten, und ihre Wirkung ist bisweilen sogar von der Art, daß manchem die Religion für

---

[190] Vgl. Paulsen, 1921, Bd. 2, S. 499 f.; vgl. auch Jeismann, 1996, Bd. 2, S. 606 f.
[191] Erlass des Oberkirchenrates vom 14. November 1854, zitiert nach Paulsen, 1921, Bd. 2, S. 508.
[192] Vgl. Rethwisch, 1893, S. 81.
[193] In Auszügen abgedruckt in: Paulsen, 1921, Bd. 2, S. 509.

immer verleidet scheint".[194] Ähnlich skeptisch äußerte sich Wiese über die Wirkung der Anordnungen, mit denen das Schulregiment die religiös-kirchliche Gesinnung der Lehrer sicherstellen wollte. Die geforderten Religionskenntnisse für das examen pro facultate docendi hätten lediglich dazu geführt, dass die angehenden Lehrer sich nur das nötige Wissen angeeignet hätten. Eine Förderung der religiösen Gesinnung im Sinne der Kirche habe wahrscheinlich in den seltensten Fällen stattgefunden.

Paulsen meinte, dass die Förderung religiösen Lebens mit Mitteln der Belohnung und Bestrafung mehr als zweifelhaft sei. „Ist Religion Gottesfurcht und ist Gottesfurcht das Gegenteil von Menschenfurcht und Scheinwesen, so werden Beförderungen und Auszeichnungen, die als Anerkennung kirchlicher Haltung winken, oder Zurücksetzungen und Kränkungen, womit ihr Mangel bedroht ist, nicht die Mittel sein, Religion zu wecken".[195]

2.2.3.4 Konzentrationsstrebungen im Gymnasialunterricht – Die Lehrpläne von 1856

Nicht nur Minister von Raumer und Ludwig Wiese waren, wie oben beschrieben, der Meinung, dass den Schülern ein zu hohes Arbeitspensum und zu viele verschiedenartige Unterrichtsgegenstände aufgebürdet wurden, sondern auch andere Angehörige der Schulverwaltung. So etwa der Schulrat Landfermann aus Koblenz und der Oberschulrat Kohlrausch aus Hannover. Beide bemängelten, dass die Schüler in allen Disziplinen gleichviel beansprucht werden würden und der Unterricht kein harmonisches Ganzes bildete. Die Schüler würden von den verschiedenen Anforderungen hin- und hergezerrt werden, so dass sie am Ende ihrer Schullaufbahn völlig ausgelaugt bar jeder Selbständigkeit des Geistes und ohne Idealität in ihren Ansichten und Bestrebungen seien.[196]

Waren die Versammlungen um 1848 noch der Auffassung, der beste Weg, das Interesse der Schüler zu heben, sei eine Einschränkung der formalsprachlichen Übungen, insbesondere des Lateinschreibens und -sprechens, und eine

---

[194] Wiese: Der evangelische Religionsunterricht im Lehrplan der höheren Schulen, zitiert nach Paulsen, 1921, Bd. 2, S. 509.

[195] Paulsen, 1921, Bd. 2, S. 510.
Schon der englische Philosoph John Locke wies in seiner Schrift „Ein Brief über Toleranz" 1689 darauf hin, dass „die Sorge für die Seelen deswegen nicht der staatlichen Obrigkeit obliegen" könne, „weil deren Macht nur im äußeren Zwange liegt; aber die wahre und heilbringende Religion liegt in der inneren Gewißheit des Urteiles, ohne die nichts für Gott annehmbar sein kann. Und solcherart ist die Natur des Urteilsvermögens, daß es nicht zum Glauben von etwas mit Gewalt gezwungen werden kann" (s. Locke, 1957, S. 16).

[196] Vgl. Paulsen, 1921, Bd. 2, S. 513; vgl. auch Schmid, 1901, Bd. 5, Abt. 1, S. 330 f.

Ausdehnung der klassischen, vor allem der griechischen Lektüre, so war man nun der gegenteiligen Ansicht. Der Lateinunterricht sollte auf Kosten der übrigen Fächer so weit vermehrt werden, „daß der Schüler es hierin wieder zu einem wirklichen Können bringe, dann werde Freudigkeit und Stolz in die Schule zurückkehren".[197] So war der allgemeine Tenor der Reaktionspädagogen, den Lateinunterricht und insbesondere das Lateinschreiben wieder zum Mittelpunkt des klassischen Unterrichts zu machen.[198]

Anzumerken ist, dass das Erlernen des Lateins – bis auf sehr wenige Ausnahmen – nicht mehr dazu diente, literarische Werke zu verfassen und sich zu verständigen, sondern lediglich der formalen Bildung.[199] Das Lateinische sei spätestens seit 1848 eine tote Sprache und das Lateinschreiben in der Schule demnach lediglich eine Übung ohne äußeren Zweck, betonte Paulsen. Latein, als wesentlicher Teil des Gymnasialunterricht, sei anerkanntermaßen ohne Wert an sich und diene nur der allgemeinen Sprachbildung. Dies entspreche der herrschenden gymnasialpädagogischen Theorie, die das Nützliche ächte und die „Idealität" und „Gymnasialität" des Unterrichts am Maßstab der Nutzlosigkeit messe, wie Paulsen nicht ohne Spott schrieb.[200]

„Als ob es die intensive Diskussion um die Reform der Gymnasien seit dem Lorinser-Streit nicht gegeben hätte, als ob weder die Angriffe in der Zeit Eichhorns noch die Vorlagen und Beschlüsse von 1848/49 im Gedächtnis geblieben wären, gab das ‚Blaue Buch' von 1837 die Norm für den Lehrplan von 1856".[201] Einleitend heißt es in dem am 7. Januar 1856 durch das „Cirkular-Reskript betreffend Modifikationen im Normalplan für den Gymnasialunterricht"[202] veröffentlichten Lehrplan, dass der Lehrplan von 1837 sich als zweckmäßig bewährt habe und dass eine Verminderung der Unterrichtsgegenstände unangebracht sei. Die genannte Kritik, dass die Interessen der Schüler gelähmt und ihre Kräfte durch Überspannung zerstreut würden, sei nicht auf die Quantität der Unterrichtsgegenstände zurückzuführen, sondern auf einen „Mangel an Einheit in der Mannigfaltigkeit".[203] Die Aufgabe, „Einheit der Bildung" zu stiften, delegierte das Mi-

---

[197] Paulsen, 1921, Bd. 2, S. 513.
[198] Vgl. Jeismann, Bd. 2, S. 605 f.
[199] Auf die rein formalbildende Kraft des Lateinunterrichts hat schon Schleiermacher in seiner „Gymnasialpädagogik", in den „Vorlesungen aus dem Jahre 1826", hingewiesen und in dem Erlernen der toten Sprachen einen Nachteil für die Jugend gesehen (vgl. Blättner, 1960, S. 86).
[200] Vgl. Paulsen, 1921, Bd. 2, S. 515 ff.
[201] Jeismann, 1996, Bd. 2, S. 609.
[202] Abgedruckt in: Wiese, 1864, S. 624 ff.
[203] Minist.-Verf. v. 7. Jan. 1856 in: Wiese, 1864, S. 625.

nisterium an die Lehrer. „Didaktik und Pädagogik sollten die Ausdehnung der Wissenschaft wieder einfangen und die verschiedenen Fächer im Unterricht zu einem ‚Gesamtorganismus' der Bildung zusammenfügen".[204] Die Lehrer sollten ihren Unterricht als Teil eines Ganzen betrachten und wurden vor einer isolierten Betreibung des eigenen Fachs gewarnt. Die Organisation und Kontrolle des Zusammenwirkens der Fachlehrer wurde den Ordinarien zugewiesen. Darüber hinaus sollten regelmäßige Fachkonferenzen dafür sorgen, dass die „Lehrer alle ein deutliches Bewußtsein über die Pensa und Classenziele und über ihr gegenseitiges Verhältnis zur Erreichung derselben haben".[205] Konkrete Bestimmungen, die das Vorhaben der sogenannten „inneren Konzentration des Unterrichts" fördern sollten, waren: Zusammenlegung der philosophischen Propädeutik mit dem Deutschen; Erhöhung der Zahl der Religionsstunden um eine Stunde auf drei Stunden in Sexta und Quinta; Latein und Deutsch erhielten in denselben Klassen zusammen zwölf Stunden; der Beginn des Französischunterrichts wurde von der Tertia auf die Quinta vorgezogen; Geschichte und Geographie bekamen in Prima und Quarta je eine Stunde hinzu, und der Unterricht in der Naturgeschichte wurde in einigen Klassen beschränkt beziehungsweise beseitigt.[206]

Auch die Neuordnung der Maturitätsprüfung von 1856 bestätigte mit wenig Modifikation das Edikt von 1834.[207] Die Nebenfächer Deutsch, Französisch, Naturwissenschaft und Philosophie schieden aus der mündlichen Prüfung aus. An die Stelle einer schriftlichen Übersetzung ins Griechische trat eine schriftliche Übersetzung aus dem Griechischen. Auf den angestrebten Beruf des Abiturienten sollte bei den Kompensationen einiger Fächer durch andere keine Rücksicht mehr genommen werden, hauptsächlich sollten sie nur noch bei schwächeren Leistungen in Mathematik durch hervorragende philologische Leistungen und umgekehrt erlaubt sein. Schließlich schien in der Prüfungsordnung die Tendenz durch, dass die Maturitätsprüfung nicht „als das in letzter Instanz Entscheidende bei der Beurteilung des Abiturienten angesehen werden solle".[208] Die Entscheidung, ob ein Abiturient eine ausreichende Schulbildung erreicht habe, sollte von den Lehrern schon vor der Prüfung getroffen werden und in der Prüfung nur den Repräsentanten der Aufsichtsbehörde verdeutlicht wer-

---

[204] Jeismann, 1996, Bd. 2, S. 610.
[205] Minist.-Verf. v. 7. Jan. 1856 in: Wiese, 1864, S. 626.
[206] Vgl. Schmid, 1901, Bd. 5, Abt. 1, S. 331.
[207] Das Reglement vom 4. Juni 1834 und die Ergänzung und Modifikationen desselben vom 12. Januar 1856. In: Wiese, 1864, S. 492 ff.
[208] Paulsen, 1921, Bd. 2, S. 519.

den.[209] Dies änderte aber nichts am Status der Abiturientenprüfung als eine Veranstaltung des Staates unter der Aufsicht und Abnahme eines königlichen Komissarius und beschwichtigte kaum die Furcht der Schüler vor ihr.[210]

2.2.3.5 Wirkung der Lehrpläne von 1856

Die Ziele, die in den Schulkonferenzen, in Artikeln pädagogischer Zeitschriften und Reden vorgegeben wurden und die durch den neuen Lehrplan und die Prüfungsordnung durchgesetzt werden sollten, sind kaum erreicht worden. Eine Vereinfachung und Vereinheitlichung der Lehrgegenstände im Sinne der Beseitigung der Überbürdung wurde ebenso wenig verwirklicht, wie die angestrebte Stellung des Lateins. Eine Fertigkeit in der lateinischen Sprache, die die Schüler befähigt, sich in der Sprache „lesend, schreibend und sprechend mit Freiheit und Leichtigkeit"[211] zu bewegen und sie so mit Stolz erfüllt, wurde durch die Modifikationen der Lehrordnung nicht gewährleistet.

Die Vereinfachung des Lehrplans scheiterte aus mehreren Gründen. Eine Minderung der Mathematik hielt die Schulbehörde für „untunlich". Eine Modifizierung der Prüfung in Geschichte, die vorsah, das bloße Memorieren von Daten zu beschränken und statt dessen einen zusammenhängenden Vortrag aus der griechischen, römischen oder deutschen Geschichte zu fordern, erhöhte bisweilen die Belastungen der Schüler. Eine Betonung der Geographie in den Schulen wurde aufgrund schwacher Leistungen der von den Gymnasien kommenden Aspiranten in der Portepeefähnrichprüfung gefordert. Die Anforderungen in der Religionsprüfung wurden durch die Forderung einer sicheren Kenntnis von Inhalt und Zusammenhang der heiligen Schrift und von der Grundlehre der Konfession im Vergleich zu den alten Forderungen greifbarer und somit überprüfbarer. Die philosophische Propädeutik sollte durch eine Verfügung von 1862 zwar nicht wieder zum Prüfungsgegenstand, aber doch im Abiturzeugnis erwähnt werden. Mit der Verlegung des Französischen auf die Quinta wurden den Schülern in drei Jahren die Anfänge des Erlernens dreier Sprachen aufgebürdet. Der Lateinunterricht begann in der Sexta, der Französischunterricht in der Quinta und der Griechischunterricht in der Quarta. Auf der Entlastungsseite blieb nur der naturwissenschaftliche Unterricht und hier insbesondere der

---

[209] Vgl. insbesondere: Das Reglement vom 4. Juni 1834 und die Ergänzung und Modifikationen desselben vom 12. Januar 1856. 8. Leitende Grundsätze für die Prüfung. In Wiese, 1864, S. 495 f.
[210] Vgl. Paulsen, 1921, Bd. 2, S. 519 f.; vgl. auch Schmid, 1901, Bd. 2, Abt. 5, S. 332.
[211] Paulsen, 1921, Bd. 2, S. 520.

naturhistorische, der in der Quarta gestrichen und in der Sexta und Quinta nur als zulässig bezeichnet wurde.

Ebensowenig wie die Vereinfachung des Lehrplans sind die Ziele, den Schulen mehr Raum für Individualität, für die Selbsttätigkeit und die Freiheit der Lehrer und Schüler zu geben, erreicht worden. Vielmehr konnte eine gegenteilige Entwicklung beobachtet werden. So beschrieb Schrader, Provinzialschulrat in Königsberg, in seinem Werk über Verfassung der höheren Schulen von 1881, dass die Schulen sich in Richtung der Gleichmäßigkeit in Bezug auf die Ansprüche an alle Schüler und deren Bildung entwickelt hätten. Die Lehrer sämtlicher Fächer hätten sich bemüht, alle Schüler gleichmäßig zu fördern, so dass überall ein einheitliches Maß an Bildung auf einem nicht geringen Niveau erreicht worden wäre.[212] Paulsen beschrieb diese Entwicklung als Auswirkung des Systems der zentralisierten Staatsverwaltung. So strebe einerseits der einzelne Lehrer danach, um Revisionen zu vermeiden, dem Schulrat die Erfüllung der vorgeschriebenen Pensa vorzuführen. Andererseits könne er in Erfüllung seiner Pflicht nicht verhindern, dass er mehr auf das achte, was das Mittelmaß unterschreite, als auf herausragende Leistungen. Wiese hatte das Problem erkannt und räumte ein, dass die Schulen durch die Berechtigungen, die mit den Zeugnissen erteilt werden, „in eine Abhängigkeit von außer ihr liegenden Interessen, die oft als eine Hemmung ihrer freien Tätigkeit schwer empfunden werde"[213], versetzt würden. Allerdings betonte er in seinen Lebenserinnerungen, dass Individualität und Verschiedenheit in den Schulen durch die Art der Lehrkräfte und der Begabungen der Schüler erreichbar sei, wenn Lehrer und Schulräte die gestatteten Freiheiten nur nutzen würden. Paulsen wies in diesem Zusammenhang auf die verständliche Neigung einiger Direktoren und Lehrer hin, sich nach genauen Anweisungen zu richten, um sich der Verantwortung, die das Beschreiten eigener Wege mit sich bringe, zu entziehen. Schließlich zweifelte Paulsen den Willen des Ministers von Raumer und Wieses zur praktischen Umsetzung der „theoretischen Liebe zur Freiheit" an. So seien beide nicht gerade bekannt dafür gewesen, der Freiheit des Einzelnen und seinen individuellen Neigungen in ihrer Umgebung viel Achtung zu schenken. Insgesamt habe die Individualität in den Anstalten im Laufe des Jahrhunderts stetig abgenommen und sich immer mehr Gleichförmigkeit ausgebreitet.[214]

Hinsichtlich der Konzentrationsbestrebungen auf die klassischen Studien ist zu sagen, dass auch hier die Erfolge hinter den Erwartungen zurück-

---

[212] Auszüge des Werks in: Paulsen, 1921, Bd. 2, S. 524.
[213] So Wiese in einem Aufsatz über das höhere Schulwesen in Preußen, zitiert nach Paulsen, 1921, Bd. 2, S. 525.
[214] Vgl. Paulsen, 1921, Bd. 2, S. 527 ff.

geblieben waren. Das Ideal eines Schulbetriebs mit lateinischen Reden, Gedichten und Abhandlungen ist nicht mehr erreicht worden. Selbst das Ziel, den Abiturienten zu befähigen, sich wenigstens schriftlich in der lateinischen Sprache ausdrücken zu können, ist nicht realisiert worden. Die Vielzahl der Direktorenkonferenzen und Philologenversammlungen, die in den 60er, 70er und 80er Jahren darüber verhandelten, wie die altsprachlichen Leistungen und insbesondere die Lateinkenntnisse verbessert werden könnten, sind ein Indiz für die Misserfolge des Lateinkursus. Kritiker des Gymnasiums, wie zum Beispiel der Königsberger Universitätsprofessor Lehrs, der die Entwicklung der einstigen griechischen Idealschule im Sinne Wolfs und Humboldts hin zu einer lateinischen Trainierschule kritisierte, bemängelten vor allem, dass „der Geist der griechischen Meisterwerke ... den Schülern unendlich fern geblieben"[215] sei und sie nur noch Grammatik und Formalien lernten. Die Schüler würden, vor allem in den unteren und mittleren Klassen, zu einer Gleichgültigkeit gegenüber dem Inhalt klassischer Werke erzogen werden, die in den oberen Klassen kaum zu berichtigen sei. Einem geistigen Verhungern gleiche diese Art des Unterrichts, der nicht das Ideal der humanistischen Bildung verfolge, sondern der „humanistischen Abrichtung" diene.[216]

Im Gegensatz zu den Gymnasien, die mit viel Mühe für die Hochhaltung des Lateins kämpften, ließen die Universitäten das Lateinschreiben nach und nach fallen. Einige Stationen der Entwicklung waren folgende: 1849 wurde zunächst die deutsche Sprache für öffentliche Akte gestattet. 1867 wurden in der medizinischen und philosophischen Fakultät deutsch geschriebene Dissertationen zugelassen. 1876 wurde es den Angehörigen der juristischen Fakultät freigestellt, ob sie die schriftlichen Leistungen ihrer Promotion oder Habilitation in deutscher oder lateinischer Sprache erbringen wollten. Für die mündliche Prüfung war Deutsch obligatorisch.[217]

Bezüglich der Lehrerbildung ist festzustellen, dass sich die Entwicklung des Universitätswesens laut Wiese ungünstig auf sie auswirkte. Die einst enge Beziehung der Schulen und Universitäten sah er sich immer weiter auflösen. Die Disziplinen vermehrten und spezialisierten sich ständig, so dass die Lehrerbildung, die einer möglichst breiten und allgemeinen Bildung bedürfe, immer weiter zurückgedrängt werde. In seinen Lebenserinnerungen schrieb Wiese, „daß die Forderungen des Examens sich von selbst steigern und der Examinant nach seiner geistigen Eigentümlichkeit viel schwerer als ein Ganzes genommen wird, worauf gerade für das Urteil

---

[215] Lehrs, zitiert nach Blättner, 1960, S. 131.
[216] Vgl. Paulsen, 1921, Bd. 2, S. 539; vgl. auch Blättner, 1960, S. 201 ff.
[217] Vgl. Paulsen, 1921, Bd. 2, S. 536 ff.

über die Befähigung zum Lehramt am meisten ankommt".[218] Durch Verpflichtung der Universitäten, Vorlesungen allgemeinen Charakters für Nichtspezialisten anzubieten und „seminaristische Kurse" einzurichten, in denen hervorragende Lehrer Lehramtsanwärtern das Unterrichten vermitteln sollten, versuchte die Verwaltung, die Lehrerbildung zu sichern.[219] Mit der gleichen Absicht wurde im Jahre 1866 eine neue Prüfungsordnung für Lehramtskandidaten erlassen. Durch die Prüfungsordnung sollte einerseits Individualisierung der Studien ermöglicht werden, indem die Kandidaten aus einer Vielzahl von möglichen Prüfungsfächern und deren Kombinationsmöglichkeiten wählen konnten. Andererseits hatte sie das Ziel, die Lehrerbildung vor der einseitigen Gelehrtenbildung zu bewahren, indem sie einer zu engen Spezialisierung entgegenwirkte. So sollten alle Kandidaten ein gewisses Maß an Allgemeinbildung in Religion, Geschichte Philologie und Pädagogik nachweisen. Blättner zufolge war allerdings das, was „man unter dem Titel ‚allgemeine Bildung' abfragte ... ein schwacher Nachklang und eine Verlegenheit".[220]

Insgesamt blieb die preußische Gymnasialpolitik der Reaktionszeit (1850-1866) hinter ihren einst so hoch gesetzten Zielen zurück. Wiese selbst schrieb in seinen Lebenserinnerungen, dass bei weitem nicht alles in der Zeit seiner Verwaltungstätigkeit erreicht worden sei, was einen befriedigenden Rückblick erlauben würde. So habe es zwar viele Fortschritte und Verbesserungen im „äußeren Bereich" der Schule gegeben, wie die enorm angestiegene Zahl der höheren Schulen in den Jahren von 1851 bis 1875 von 200 auf etwa 500 inklusive der neuen Landesteile, die Verbesserung der Ausstattung der Anstalten und die Besoldung der Lehrer. Das „innere Leben" der Schule aber habe sich negativ entwickelt. Er schrieb, dass die idealen Bildungsinhalte an Ansehen verloren hätten, das Verhältnis der Bildung zu der Kirche trotz aller Bemühungen abgekühlt wäre und dass die Liebe zum Altertum und zur Humanitätsbildung abgenommen hätte. Schließlich beobachtete er mit Bedauern, dass sein Ideal von der deutschen Schule zu Zeiten der Reformation von vielen Lehramtanwärtern aufgegeben worden sei. Resigniert schrieb er in seinen Lebenserinnerungen: „Die Liebe meiner Jugend, die Begeisterung für den erwählten Lebensberuf hat einer höheren Idee der Schule gegolten, als die Mehrzahl sich jetzt zur Aufgabe setzt".[221]

---

[218] Wiese: Lebenserinnerungen, zitiert nach Paulsen, 1921, Bd. 2, S. 540.
[219] Vgl. Rethwisch, 1893, S. 86.
[220] Blättner, 1960, S. 187; vgl. auch Rethwisch, 1893, S. 86 f.
[221] Wiese: Lebenserinnerungen, zitiert nach Paulsen, 1921, Bd. 2, S. 543.

2.3 Die Entwicklung der Realschule zum Realgymnasium

Neben dem profilierten und privilegierten humanistischen Gymnasium stiegen im Zeitalter der Industrialisierung neue, realistisch ausgerichtete Anstalten auf, die sich „im Aufwind des Zeitgeistes und der wirtschaftlichen Entwicklung in der besonderen Gunst der kommunalen Verwaltungen (oft gegen betonte Reserve der konservativen staatlichen Stellen) vehement entfalteten und immer mehr auf volle Anerkennung gegenüber dem alten Gymnasium"[222] drängten.

2.3.1 Der Aufstieg der höheren Bürgerschule[223]

Seit dem 16. Jahrhundert war die Lateinschule die einzige höhere Schule. Sie bildete als Bürger- und Gelehrtenschule sowohl die Schüler, die einen bürgerlichen Beruf anstrebten, als auch jene, die ein Studium aufnehmen wollten. Die Schüler genossen in den unteren und mittleren Klassen denselben Unterricht. Während die Schüler mit dem Ziel, einen bürgerlichen Beruf zu ergreifen, nach der Mittelstufe ausschieden, besuchten die anderen Schüler die Oberklasse, welche die Gelehrtenschule darstellte. Durch diese Konstellation wurden weder die angehenden Handwerker und Kaufleute, noch die künftigen Studenten adäquat qualifiziert. Den Schülern, die einen bürgerlichen Beruf ausüben wollten, wurden nicht die nötigen Kenntnisse vermittelt, und die künftigen Gelehrten wurden „durch die Anwesenheit der fremden Elemente"[224] in ihrer Entwicklung gehemmt. Die Diskrepanz zwischen den notwendigen Qualifizierungen wurde durch die zunehmende Bedeutung der bürgerlichen Gesellschaft, die ständig wachsenden Bedarf an gut vorgebildeten Handwerkern und Kaufleuten hatte, einerseits und durch die gestiegenen Ansprüche der sich rasch entwickelnden Wissenschaft und den damit verbundenen gestiegenen Anforderungen an die Studenten andererseits immer deutlicher.[225]

Die Neuorganisation der Gelehrtenschule durch Humboldt und Süvern in den ersten beiden Jahrzehnten des 19. Jahrhunderts trugen maßgeblich zu einer endgültigen Trennung zwischen dem gelehrten und dem bürgerlichen Unterricht bei. War die alte Lateinschule den Bedürfnissen der einzelnen

---

[222] Reble, 1999, S. 267.
[223] Wiese hat darauf hingewiesen, dass der Name „höhere Bürgerschule" früher gleichbedeutend mit „Realschule" gebraucht wurde. Erst durch die Unterrichts- und Prüfungsordnung vom 6. Oktober 1859 wurde das Schwanken zwischen beiden Bezeichnungen dahin fixiert, dass Realanstalten, die das vollständige Klassensystem von Sexta bis Prima umfassten, Realschulen, und diejenigen, die nicht so viele Klassen hatten, höhere Bürgerschulen hießen (vgl. Wiese, 1964, Bd. I, S. 29 f.).
[224] Paulsen, 1921, Bd. 2,. S. 545.
[225] Vgl. Hamann, 1993, S. 147 f.

Schülern durch Zulassung von Dispensationen und Privatunterricht oftmals entgegengekommen, so bildete sich jetzt durch Lehr- und Prüfungsordnungen mehr und mehr ein verbindlicher Kursus mit bestimmten Lehrfächern und Lehrzielen heraus. Darüber hinaus wurde im Sinne des neuhumanistischen Ideals der Griechischunterricht beträchtlich erhöht und zu einem dem Latein nebengeordnetem Hauptfach erhoben. Schließlich wurden auch die Dispensationen nur noch in Ausnahmefällen gewährt. So entwickelte sich die alte Lateinschule, die bis dahin eine Art Einheitsschule war, zu einer reinen Gelehrtenschule, die die Schüler nur noch auf die Universität vorbereiten wollte, was dazu führte, dass die Schüler, die einen bürgerlichen Beruf anstrebten, aus dieser Schule gedrängt wurden. Die neuen Gelehrtenschulen wurden nun ausdrücklich als Gymnasien bezeichnet und erhielten als einzige Schulen die Berechtigung, die Reifeprüfung abzunehmen. Es gab allerdings eine Vielzahl von alten Lateinschulen, die den gestiegenen Anforderungen an den Lehrplan und an die Abschlussprüfung nicht erfüllen konnten und so auch nicht auf die Universität vorbereiteten.[226] Die Entscheidung über die Funktion dieser Lehranstalten überließ die Schulverwaltung den einzelnen Stadtverwaltungen, so dass eine Vielzahl von Bildungswegen entstand. In den kleinen Städten im Osten bestand die alte Lateinschule zunächst in ihrer alten Form weiter. Sie bot neben dem Elementarunterricht in der Mittelstufe eine Art Bürgerschulunterricht und in der Oberstufe einen auf das Gymnasium vorbereitenden Lateinunterricht an. Aus dieser Schulform ging später das Progymnasium hervor. In den größeren Städten, in denen ein Gymnasium existierte, und in westlichen Städten mit viel Industrie und Handel gaben einige der alten Lateinschulen das Latein auf und entwickelten sich zu reinen Bürgerschulen, die vor allem die Realien und neuere Sprachen lehrten. Demgegenüber erhoben sich bisweilen auch ehemalige Volks- und Privatschulen zu Bürger- oder Realschulen.

Zwar erkannte die Schulverwaltung in der Zeit Süverns und Schulzes die Notwendigkeit der Realschulen an, die nach dem Süvernschen Entwurf eines Unterrichtsgesetzes von 1819 allgemeine Stadtschulen heißen sollten, allerdings geschah wenig, sie zu organisieren und zu fördern. Schulze betrachtete die Schulen hauptsächlich unter dem Aspekt, wie durch sie die Gymnasien entlastet werden konnten. In den Mittelpunkt rückte die Frage, was mit den Schülern geschehen solle, die kein Universitätsstudium anstrebten. Der verbreiteten Meinung, diesen Schülern durch weitgehende Dispensation vom Griechischen und der Ausgestaltung der modernen Unterrichtszweige auf den Gymnasien entgegenzukommen, widersprach

---

[226] Vgl. Hamann, 1993, S. 149.

Schulze.[227] Seine Haltung stellte er in einem Reskript vom 10. Mai 1825[228], welches Minister von Altenstein guthieß, ausführlich dar. Hierin schrieb er, dass die Bildung des städtischen Nähr-, Handels- und Verkehrsstandes bisher zu wenig Beachtung erhalten habe, so dass viele junge Leute auf Grund des Mangels einer Alternative in die unteren Gymnasialklassen eingetreten seien, ohne die erforderlichen Fähigkeiten und Neigungen, dem Gymnasialunterricht zu folgen, mitzubringen. Dieser Missstand solle durch die Bürgerschulen beseitigt werden, so dass zum einen der Andrang ungeeigneter Schüler an das Gymnasium reduziert und zum anderen jedem Schüler die Erreichung seines Bildungszieles erleichtert werde.[229]

Allerdings fehlte es zu der Zeit noch an angemessenen Bürgerschulen, so dass immer noch Schüler, die nicht studieren wollten, an die Gymnasien strömten. Dieser Entwicklung entsprechend wurden nun doch wieder Dispensationen vom Griechischen zugelassen. Diese Dispensationen wurden allerdings nur auf Antrag der Eltern, nach dem Gutachten des jeweiligen Direktors von den Provinzial-Schulkollegien mit dem ausdrücklichen Vermerk erteilt, dass diese Art der Bildung nur in seltenen, außerordentlichen Fällen zum Universitätsstudium berechtige.

Schulzes Interesse galt weniger der „Bildung des Nährstandes", wie Paulsen betonte, als vielmehr dem Schutz des Gymnasiums. Er begrüßte zwar die Errichtung von Bürgerschulen als zeitgemäß und wünschenswert, wies aber darauf hin, dass dies nicht zu Lasten der Gymnasien geschehen dürfe. „Nur, wenn solche Anstalten auf Kosten der Gymnasialbildung befördert werden, und diese ersetzen sollen, werden sie nachtheilig".[230] Staatszuschüsse wurden in den meisten Fällen mit dem Hinweis abgelehnt, dass Bürgerschulen ein Bedürfnis der Kommunen seien und nicht des Staates und deren Kosten somit von ihnen aufzubringen seien.[231]

Über diese äußeren Hindernisse hinaus hemmte die Entwicklung der Bürgerschulen vor allem die Ungewissheit darüber, welches Bildungsziel sie mit welchen Mitteln erreichen sollte. Waren die Realschulen des 18. Jahrhunderts noch darauf aus, Kenntnisse und Fertigkeiten mit unmittelba-

---

[227] Vgl. Jeismann, 1996, Bd. 2, S. 482.
[228] Besondere Bedeutung erhält dieses Reskript, da es, so Jeismann, „das früheste und vollständigste Dokument der Abwendung der Bildungspolitik des Ministeriums von den Prinzipien der Humboldtschen Reform und des Süvernschen Schulgesetzentwurfs, bei gleichzeitiger Dogmatisierung des neuhumanistisch-altsprachlichen Lehrplans" ist (s. Jeismann, 1996, Bd. 2, S. 387).
[229] Das Reskript ist in Auszügen abgedruckt in Paulsen, 1921, Bd. 2, S. 547; vgl. auch Jeismann, 1996, Bd. 2, S. 387 f., 480 f.
[230] Aus einer Denkschrift des Ministeriums, die dem Schlesischen Landtagsabschied vom 30. Dezember 1831 beigefügt wurde, zitiert nach Jeismann, 1996, Bd. 2, S. 483.
[231] Vgl. Paulsen, 1921, Bd. 2, S. 548 f.; vgl. auch Jeismann, 1996, Bd. 2, S. 482 ff.

ren Bezug zum Handwerk und zum Handel zu vermitteln, so kristallisierte sich in den zwanziger Jahren des 19. Jahrhunderts für die neuen Bürger- bzw. Realschulen ein anderes Bildungsziel heraus. Um sich von der technischen Schule abzugrenzen, setzte sie sich die allgemeine Vorbildung für die höheren bürgerlichen Berufe zum Ziel. Insbesondere den Bemühungen Spillekes, dem damaligen Direktor der königlichen Realschule zu Berlin, ist es zu verdanken, dass „die Bürgerschule aus der Verquickung mit der technischen Schule herausgelöst und ihr die Richtung auf eine höhere allgemeine Bildung gegeben"[232] wurde.

Ein weiteres Problemfeld war das Verhältnis der Bürgerschule zum Lateinischen. Männer wie Spiellecke, Staatsrat Kunth, später Mager und andere, die sich für eine „Schule für die künftigen Inhaber der höheren Stellungen im bürgerlichen Leben"[233] einsetzten, lehnten den Lateinunterricht an diesen Schulen mit der Begründung ab, dass für den Unterricht in den neuen Sprachen und den mathematisch-naturwissenschaftlichen Fächern die Kräfte der Schüler konzentriert werden müssten. In der Realität stießen die Pläne einer lateinlosen Bürgerschule, die auch von Schulze unterstützt wurden, allerdings auf Widerstand. Reale Zwänge legten es nahe, den Lateinunterricht nicht völlig aus den Bürgerschulen zu verbannen, sondern ihn wenigstens fakultativ anzubieten. Vier Gründe waren hierfür ausschlaggebend. Erstens wurden für viele Ämter in der Staatsverwaltung, deren Besetzung nicht von einer Universitätsausbildung abhängig war, Kenntnisse in Latein, die ungefähr dem erforderlichen Niveau für die Aufnahme in die Oberstufe entsprachen, gefordert. Nicht nur, dass die Würde des Amtes dieses Kennzeichen der höheren Bildung und Stellung erforderte, sondern auch auf Grund der Amtsgeschäfte, die vielfachen Bezug zur lateinischen Welt, insbesondere im Rechtswesen, hatten. Zweitens erschienen die Bürgerschulen mit sechsjährigem Kursus ohne Latein großbürgerlichen Familien und Gutsbesitzern zu kleinbürgerlich. Einerseits führten ihnen die Anforderungen der neuhumanistischen Gymnasien zu weit, und sie zweifelten am Nutzen der griechischen Reden und lateinischen Verse für künftige Offiziere und Landwirte. Andererseits befürchteten sie, dass die reine Bürgerschule nicht ausreichend bilde und von der höheren Bildung zu weit abwich. So bevorzugten sie eine Schule mit Latein und einen längeren Kursus. Drittens hatten die Realschulen, die Latein anboten, den Vorteil, als Progymnasien zu fungieren oder zumindest den Übergang zum Gymnasium zu erleichtern. Und viertens eignete sich das

---

[232] Paulsen, 1921, Bd. 2, S. 549; vgl. auch Blättner, 1960, S. 135.
[233] Paulsen, 1921, Bd. 2, S. 550.

Latein dazu, mehr Schüler anzuziehen, die soziale Stellung der Schule zu heben und ihre ökonomische Lage zu verbessern.[234]

Viel weiter ging die Idee eines Realgymnasiums, das mit den Hauptfächern Mathematik und Naturwissenschaften gleichberechtigt neben dem neuhumanistischen Gymnasium stehen sollte. Die Befürworter[235] einer solchen Bildungsanstalt wiesen vor allem darauf hin, dass die Bildung des Geistes nicht von der griechischen und der lateinischen Sprache abhänge. Die Zeit verlange mehr als Griechisch und Latein. Bessel, ein bekannter Astronom, betonte in einen Schreiben an den Oberpräsidenten von Schön, dass sich wissenschaftlicher Unterricht nicht mit dem altsprachlichen Unterricht vereinen lasse. Die wissenschaftliche Erkenntnis und geistige Entwicklung, so Bessel, würden durch die fremde Sprache, in denen die Texte verfasst sind, gehemmt werden, da die Sprache einen großen Teil der Aufmerksamkeit beanspruche. Er forderte daher Schulen, in denen die Wissenschaften die Hauptsache darstellen und die lateinische Sprache nur so weit gelehrt werde, dass die Schüler lateinische Bücher lesen könnten.[236]

So gab es innerhalb der neuen Schulform zwei Strebungen, zum einen die einer reinen Bürgerschule ohne Latein, die der mittleren bürgerlichen Schicht „eine gewisse abschließende Bildung"[237] geben sollte, und zum anderen die Realschule mit Latein. Die weitere Entwicklung beschrieb Paulsen „als Kampf ums Dasein"[238] der beiden Ansätze.

2.3.2 Das Reglement vom 8. März 1832

Durch die von Dr. Kortüm ausgearbeitete „Vorläufige Instruction über die an den höheren Bürger- und Realschulen anzuordnenden Entlassungsprüfungen"[239] am 8. März 1832 fiel die Entscheidung zunächst zu Gunsten der Realschulen mit Latein. Die bestandene Entlassungsprüfung berechtigte die Schüler zu Laufbahnen, „die bisher an den Besuch der oberen Classen

---

[234] Vgl. Paulsen, 1921, Bd. 2, S. 550 f.
[235] So z. B. Karl Grashof, Direktor eines evangelischen Gymnasiums in Köln. Er schlug 1830 in einem Entwurf vor, das Gymnasium durch zwei anders strukturierte Schulformen, die den allgemeinen gesellschaftlichen Fortbildungsbedürfnissen entgegenkamen, zu ergänzen. Neben einer lateinlosen Bürgerschule sah sein Entwurf das Realgymnasium vor. Das Realgymnasium sollte durch einen vorrangig mathematischen, physikalischen und geschichtlichen Unterricht vor allem auf die „Berufsbereiche des Militärischen, der Pharmazeutik und auf die Aufgaben der Subalternbeamten vorbereiten" (s. Apel, 1984, S. 160 f.).
[236] Vgl. Paulsen, 1921, Bd. 2, S. 551 f.
[237] Blättner, 1960, S. 135.
[238] Paulsen, 1921, Bd. 2, S. 553.
[239] Wiese, 1864, Bd. 1, S. 27.

der Gymnasien"[240] geknüpft waren, wie dem einjährigen freiwilligen Militärdienst und dem Eintritt in das Post-, Forst und Baufach sowie in die „Bureaux" der Provinzialbehörden. Gegenstand der Prüfung waren Deutsch, Lateinisch, Französisch, Englisch und Italienisch, falls hierin Unterricht erteilt wurde, Religion, Geschichte, Geographie, Mathematik und Naturwissenschaften.[241] In der Ordnung wurde betont, dass der Mangel an Latein im Zeugnis vermerkt werden sollte und den Ausschluss von einer amtlichen Laufbahn bedeutete. Auf diese Weise wurde Latein zum verbindlichen Unterrichtsfach an den Bürgerschulen. Den Ausschluss der Realabiturienten ohne Latein von allen Staatsämtern betonte nochmals eine Zirkularverfügung an alle Regierungen von 1838 mit der Aufforderung an die Regierungen, auf einen gründlichen Lateinunterricht in den höheren Bürgerschulen hinzuwirken.[242] „Der obrigkeitliche Druck, der Latein erzwang, konnte nicht verhindern, daß sich Realschulen ohne Latein auftaten. Dem trug nach 27 Jahren die zweite gesetzliche Regelung"[243] vom 6. Oktober 1859 Rechnung (s. Kap. 2.3.4).

Die oben geschilderten Anforderungen, die weit über die ursprüngliche Aufgabe einer Bürgerschule hinausgingen, verteidigte Schulze mit dem Hinweis, dass die Berechtigungen, die mit dem Bestehen der Prüfung erteilt würden, bisher den Abiturienten vorbehalten waren. Darüber hinaus verwies er auf die Notwendigkeit, der Zerfahrenheit der Anstalten durch ein eindeutiges, wenn auch ideelles Ziel, zu begegnen. Er wollte zunächst abwarten, wie sich die Anstalten entwickelten, um dann zu sehen, welche Veränderungen nötig werden würden.[244]

Die neuen Anstalten hatten denkbar schwere Startbedingungen. Insbesondere ihr vorläufiger Charakter und die sehr beschränkten Berechtigungen machten sie unattraktiv. Sie wurden nicht vom Staat unterstützt und berechtigten nicht zum Universitätsstudium. Zwar wurden vereinzelt in größeren Städten Realschulen gegründet, aber im Allgemeinen entschied man sich lieber für die Errichtung eines Gymnasiums. Gründe hierfür waren vor allem die Berechtigungen, die das Gymnasium erteilen konnte, die Vornehmheit der höheren Schule, die „Bequemlichkeit für die Beamten und Honoratioren", die eine gymnasiale Bildung ihrer Söhne bevorzugten, die Aussicht auf den Zuzug fremder Schüler und schließlich die Hoffnung auf finanzielle Unterstützung durch den Staat.[245]

---

[240] Wiese, 1864, Bd. 1, S. 504.
[241] Vgl. Wiese, 1864, Bd. 1, S. 504 f.
[242] Vgl. Paulsen, 1921, Bd. 2, S. 553.
[243] Blättner, 1960, S. 136.
[244] Vgl. Paulsen, 1921, Bd. 2, S. 554.
[245] Vgl. Paulsen, 1921, Bd. 2, S. 554.

Dass die höhere Realschule einen schwierigen Stand hatte, stellt auch Scheibert in seiner Abhandlung über „Gymnasium und höhere Bürgerschule" von 1836 dar. Das Gymnasium biete, Scheibert zufolge, die gleichen Berechtigungen nach der Vollendung der Tertia ohne Prüfung an, die auf der Realschule nur nach Vollendung des ganzen Kurses und einer schweren Abgangsprüfung erreicht werden könnten. Hieraus resultiere zunächst, dass die oberen Klassen der höheren Realschulen leer blieben und dass schließlich die Neigung aufkäme, die Realschulen in Gymnasien umzuwandeln oder in eine gehobene Stadtschule zurückzubilden.[246]

Im Jahre 1840 wurde, wie oben beschrieben, Eichhorn als Nachfolger Altensteins zum Kultusminister ernannt. Er und sein Ratgeber im Bereich der Schulpolitik, Gerd Eilers, standen den Realschulen misstrauisch und widerstrebend gegenüber. Insbesondere Eilers war der Meinung, dass die Realschulen einen großen Beitrag zur allgemeinen verderblichen Entwicklung im Staat leisteten. „Ihr weitgesteckter Lehrplan, fürchtete Eilers, führe zu einer ‚Überbildung' und damit zur Zerrüttung des sozialen Gefüges".[247] Diese überbildeten Schüler, glaubte er, würden über ihre Bestimmung hinaus nach höheren Stellungen streben, allerdings keine finden und schließlich der Umsturz- und Fortschrittspartei beitreten.[248] Im Einklang mit klassischen Philologen, „glaubenseifrigen Theologen" und der Regierung nahestehenden Politikern sah er in den Realschulen „nicht viel weniger als Brutstätten des Materialismus, der Irreligiosität [sic!] und der Revolution".[249] Durch die Betonung des Nützlichen würden sie den Sinn für das Schöne zerstören, und durch die Ausrichtung auf wissenschaftliche Beweise würde der Glaube geschwächt werden, schließlich würden die Gemüter der Schüler gegen die Autorität eingenommen und auf die Revolution angelegt werden. Vor diesem Hintergrund, meinte Paulsen, sei die Betonung des Lateinischen an den Schulen zu sehen. Latein sei am geeignetsten, subjektivem Meinen und individueller Willkür entgegenzuwirken. Die strengen Regeln der lateinischen Grammatik würden Folgsamkeit und Gehorsam verlangen. Darüber hinaus hätte man Latein als wichtig und förderlich für die allgemeine Schulung der Grammatik und zur Vorbereitung auf moderne Sprachen erachtet.[250] So wurde Latein durch eine Verfügung vom 30. Oktober 1841 zum notwendigen Gegenstand der Abgangsprüfung der Realschule und somit auch zum verbindlichen Unterrichtsfach.

---

[246] Vgl. Paulsen, 1921, Bd. 2, S. 554 f.; vgl. auch Jeismann, 1996, Bd. 2, S. 491 ff.
[247] Jeismann, 1996, Bd. 2, S. 494.
[248] Vgl. Jeismann, 1996, Bd. 2, S. 494.
[249] Paulsen, 1921, Bd. 2, S. 556.
[250] Vgl. Paulsen, 1921, Bd. 2, S. 556.

2.3.3 Die Entwicklung der Realschulen nach der Revolution

Im Revolutionsjahr keimten Bestrebungen auf, die Realschulen zu begünstigen. So zum Beispiel anlässlich der oben erwähnten Landesschulkonferenz von 1848 / 49, auf der im Einverständnis mit dem damaligen Ministerium unter Ladenberg Konzepte erarbeitet wurden, die vorsahen, einerseits die Realschulen von den verbindlichem Lateinunterricht zu befreien und ihnen andererseits die Berechtigung, zur Universität zu entlassen, zu erteilen. Allerdings wurden die „März-Errungenschaften", wie etwa die Beschlüsse der Landesschulkonferenz, unter der Politik des konservativen Ministeriums von Raumer „zu den Akten" gelegt.[251]

Von wesentlichem Einfluss auf die weitere Entwicklung des Realschulwesens waren neue Bestimmungen über die für das Staats-, Bau- und Bergfach erforderliche Schulbildung. Angesichts der wachsenden Zahl unterschiedlich leistungsfähiger höherer Bürgerschulen versuchte das Handelsministerium, das für die höheren Fachschulen zuständig war, die auf höhere Laufbahnen in der Forstwirtschaft, im Bergbau, bei der Post und im Baufach vorbereiteten, „durch eine ganze Reihe schnell aufeinanderfolgender Verfügungen, den Zutritt von Realschulabsolventen zu normieren".[252] Unter dem Handelsminister von der Heydt wurden die Berechtigungen der Realabiturienten immer weiter beschnitten. Zwar wurde den Abgängern einer Realschule mit sechs Klassen und zweijährigem Kursus in den beiden oberen Klassen zunächst durch eine Verfügung vom 27. Mai 1850 die Zulassung zum Studium an der Bauakademie gewährt, nachdem aber die Anstalten und die Kommunen sich bemüht hatten, den Ansprüchen durch den Umbau der Schulen zu entsprechen, wurde den Realschulen durch eine Verfügung vom 18. März 1855 „das Recht der Entlassung zur Bauakademie entzogen und ausschließlich den Gymnasien vorbehalten".[253] Hierauf folgte eine Verfügung vom 3. März 1856, die den Realabiturienten die Laufbahn im höheren Bergfach verwehrte, und schließlich eine Verfügung vom 1. März 1857, die die Realabiturienten im Bereich des Postdienstes wesentlich schlechter stellte als die Gymnasialabiturienten.[254]

Neben den direkten Beschränkungen waren die Realschulen auch den öffentlichen Anfeindungen vieler Philologen ausgesetzt, die die Schulen als „gemeine Nützlichkeitskramschulen"[255] anprangerten. Sie lehnten vor

---

[251] Vgl. Jeismann, 1996, Bd. 2, S. 598.
[252] Baumgart, 1990, S. 200.
[253] Wiese, 1864, Bd. I, S. 506.
[254] Vgl. Wiese, 1864, Bd. I, S. 505 f.; vgl. auch Paulsen, 1921, Bd. 2, S. 556 f.
[255] Den Ausdruck prägte Friedrich Ellendt, Direktor des Gymnasiums in Eisleben, in einem Programm des Gymnasiums von 1855 (vgl. Paulsen, 1921, Bd. 2, S. 557).

allem das Nützlichkeitsprinzip der Realschulen als pädagogischen Irrweg ab und sprachen sich für das Prinzip der Idealität des Gymnasiums aus.[256]

2.3.4 Unterrichts- und Prüfungsordnung von 1859

Auch Ludwig Wiese war kein großer Freund der Realschule, erkannte aber ihre Notwendigkeit an. „Den Gymnasiallehrplan seiner ursprünglichen Idee gemäß zu vereinfachen und in sich zu concentriren, war nur möglich, wenn man gleichzeitig den Ansprüchen einer mehr realistischen Bildung und dem Bedürfnis der nicht studierenden Jugend gerecht werden konnte".[257] Darüber hinaus erkannte er die Anforderung an die Bildung, die sich aus den Entwicklungen in der Industrie und des öffentlichen Lebens sowie den Fortschritten der Naturwissenschaften ergaben. Diese Haltung beeinflusste maßgeblich die, nach langwierigen Verhandlungen zwischen dem Kultusministerium unter dem neuen Minister von Bethmann-Hollweg, den Provinzial-Schulbehörden und den anderen Ministerien, von Wiese ausgearbeitete „Unterrichts- und Prüfungsordnung der Real- und der höheren Bürgerschulen" vom 6. Oktober 1859.[258] Diese Ordnung stellte, so Baumgart, „den vorläufigen Abschluß eines die erste Hälfte des Jahrhunderts durchziehenden staatlichen Normierungsprozesses dar. Der Kern dieser Normierung bestand in der Kategorisierung der heterogenen höheren Bürgerschulen in drei voneinander unterschiedene Schultypen, in die Realschulen 1. und 2. Ordnung und in die höheren Bürgerschulen".[259] Während die Realschulen erster Ordnung die eigentlichen Realschulen bildeten, waren die beiden anderen unvollständige Realschulen mit weniger Klassen und kürzerer Kursdauer. Der Kurs der Realschulen zweiter Ordnung war freier von den Forderungen der Prüfungsordnung und der Rücksicht auf Berechtigungen gestaltet, insbesondere in Bezug auf das Lateinische, welches nur fakultativ angeboten wurde. Die höheren Bürgerschulen hingegen folgten dem Lehrplan der Realschulen erster Ordnung unter Ausschluss der Prima. Sie wurden später mit dem Namen Real-Progymnasien bezeichnet. Der Lehrplan der Realschulen erster Ordnung wies als wichtigste Fächer Mathematik und Latein mit insgesamt 47 bzw. 44 Wochenstunden auf. Es folgten Naturwissenschaften und Französisch mit jeweils 34, Geogra-

---

[256] Unter anderen hat Kraul darauf hingewiesen, dass die geäußerte Kritik am Curriculum der Realschulen jeder Grundlage entbehre. „ ... sie ist vermutlich standespolitisch motiviert und in der traditionellen Meinung begründet, daß die alten Sprachen die einzigen Fächer mit Bildungswert sind" (s. Kraul, 1984, S. 81).
[257] Wiese, 1864, Bd. 1, S. 27.
[258] Wesentliche Bestimmungen der Ordnung sind abgedruckt in: Wiese, 1864, Bd. 1, S. 507 ff.
[259] Baumgart, 1990, S. 201.

phie/Geschichte mit 30, Deutsch mit 29, Zeichnen Religion und Englisch mit jeweils 20 und schließlich Schreiben mit sieben Wochenstunden Unterricht. Hinzu kamen noch Gesang und Turnen. Die Realschule erster Ordnung berechtigte nach einem halbjährigen Besuch der Sekunda zum einjährigen Militärdienst. Absolventen durften an Baufach- und Bergfachschulen studieren. Sie durften allerdings kein Universitätsstudium mit der Absicht auf ein Staatsexamen und einen Beruf aufnehmen. In den Erläuterungen für den Lehrplan[260] wurde die Bedeutung der Realschulen erwähnt. „Sie sind keine Fachschulen, sondern haben es, wie das Gymnasium, mit allgemeinen Bildungsmitteln und grundlegenden Kenntnissen zu tun. Zwischen Gymnasium und Realschule findet daher kein prinzipieller Gegensatz, sondern ein Verhältnis gegenseitiger Ergänzung statt. Sie teilen sich in die gemeinsame Aufgabe, die Grundlagen der gesamten höheren Bildung für die Hauptrichtungen der verschiedenen Berufsarten zu gewähren".[261]

Die Realschule erster Ordnung war also weder reine Bürgerschule, noch war sie Gymnasium im klassischen Sinn, sondern vereinte Elemente beider Schulformen. Die Bildung, die sie bot, entsprach den Bedürfnissen verschiedener Gruppen. So etwa den angehenden Beamten, die nicht studieren wollten, sondern über die neuen Fachhochschulen, wie zum Beispiel die Bau-, Berg-, oder Kriegsakademie, einen Posten im gehobenen Staatsdienst anstrebten. Sie konnten zum einen nicht auf Lateinkenntnisse verzichten, da sie im späteren Beruf immer wieder mit geschriebenem und gesprochenem Latein konfrontiert werden würden. Zum anderen waren die modernen Wissenschaften und Sprachen für sie zu wichtig, als dass sie sie zugunsten des Studiums der alten Sprachen hätten vernachlässigen können. Eine weitere Gruppe bildete der höhere Bürgerstand, vertreten durch Großindustrielle, wohlhabende Kaufleute und Landwirte. Obwohl ihre Berufe nicht unbedingt Lateinkenntnisse verlangten, schmückten sie sich doch gerne mit dieser Sprache.[262]

Die Ordnung von 1859 hatte zur Folge, dass sich die Städte als Schulträger bemühten, den Forderungen der Schulverwaltung nachzukommen und ihre Schulen zu neunklassigen Anstalten auszubauen. Bis 1864 stieg die Zahl der Realschulen erster Ordnung auf 49 Anstalten. Hinzu kamen 14

---

[260] Jeismann zufolge lesen sich die umfangreichen „Erläuternden Bemerkungen" zu der Verordnung vom 6. Oktober 1859 in ihren „einleitenden Passagen wie eine mit nachdrücklichen Mahnungen und Warnungen versehene Vermessung und Einzäunung des Feldes realistischer höherer Bildung, einer notwendig gewordenen, aber eher aufgedrungenen als erwünschten Veranstaltung" (s. Jeismann, 1996, Bd. 2, S. 623).
[261] Erläuternde Bemerkungen zu der Unterrichts- und Prüfungs-Ordnung der Real- und der höheren Bürgerschulen vom 6. Okt. 1859, zitiert nach Giese, 1961, S. 161.
[262] Vgl. Paulsen, 1921, Bd. 2, S. 562.

höhere Bürgerschulen, die bis zur Sekunda den gleichen Kursus anboten, und 16 Realschulen zweiter Ordnung.[263]

Anstelle eines Gymnasiums und einer höheren Bürgerschule existierten nun zwei Formen des Gymnasiums, ein klassisches, auf das Altertum ausgerichtetes und ein neues, den modernen Sprachen und Wissenschaften zugeneigtes. Obwohl ihre Lehrgänge die gleiche Zeit in Anspruch nahmen, ihre Lehrer über die gleiche Vorbildung verfügten, die gleichen Unterrichtsfächer – mit der Ausnahme, dass das alte Gymnasium kein Englisch und das neue kein Griechisch anbot – lehrten und beide eine allgemeinwissenschafltiche Bildung zum Ziel hatten, unterschieden sie sich in einem wesentlichen Punkt: die Absolventen des Realgymnasiums[264] durften nicht an der Universität studieren.[265]

2.3.5 Der Kampf des Realgymnasiums um die Universitätsberechtigung

Ab den sechziger – vor allem aber in den siebziger und achtziger Jahren – nahmen die Bemühungen der Realschullobby zu, die Berechtigungen der Realschule zu erweitern. Der „Abwehrkampf" der Gymnasien zur „Erhaltung des Monopols der Universitätszulassung ... bestimmte die nächste Periode der Geschichte des höheren Unterrichtswesens".[266] Im Jahre 1867 setzte sich der Posener Magistrat in einer Petition für die Gleichstellung der Realschulabiturienten mit denen der Gymnasien bei der Zulassung zum Studium der Rechtswissenschaften und der Medizin ein. Die preußische Schulverwaltung ließ die erste Eingabe der Petition unbeantwortet und beschied eine zweite negativ.

„Jenseits des amtlichen Schweigens aber setzt die große Diskussion ein".[267] Auf der einen Seite setzten sich die Realschulmänner, unterstützt von den Städten als den Patronen der Realschulen, vehement für die Zulassung der Realabiturienten zu den Universitäten ein. Auf der anderen Seite standen vor allem Altphilologen aus den Schulen und Schulverwaltungen, unterstützt von den Universitäten, die ebenso hartnäckig die Gleichstellung der Realschulen erster Ordnung mit den Gymnasien zurückwiesen. Die Vertreter der überlieferten Ordnung machten geltend, dass die Gymnasien bisher insgesamt befriedigend auf die Universitätsstudien vorbereitet hätten

---

[263] Vgl. Paulsen, 1921, Bd. 2, S. 563; vgl. Kraul, 1984, S. 85 f.
[264] Inoffiziell wurden die Realschulen I. Ordnung Realgymnasien genannt. Offiziell wurde ihnen der Name erst durch die Lehrpläne 1882 verliehen (vgl. Blättner, 1960, S. 137).
[265] Vgl. Paulsen, 1921, Bd. 2, S. 564.
[266] Jeismann, 1996, Bd. 2, S. 631.
[267] Kraul, 1984, S. 86.

und ihr Lehrgang sich besonders gut für Studien in der Theologie, der Philologie, des Rechts und den historischen Studien eigne, aber auch für Studien der Mathematik, der Naturwissenschaften und der Medizin einen angemessenen Ausgangspunkt böten. Die Universitäten unterstützten den Standpunkt, indem sie darauf hinwiesen, dass es für sie wünschenswert sei, wenn die Einheit der Studenten durch sehr ähnliche Vorbildung erhalten bliebe, und eine Verschiedenheit im Vorbereitungskurs ihre Aufgabe erschweren würde. Vertreter der Gymnasien und der Universitäten erklärten schließlich, dass das alte Gymnasium noch den Vorzug habe, den Schülern mit den alten Sprachen ein Zentrum zu bieten, um das sich ihre Arbeit und Aufmerksamkeit sammeln könne. Während diese Anordnung zum selbständigen Arbeiten führe, fordere und fördere der Lehrplan des Realgymnasiums durch seine Zerstreuung der Fächer von seinen Schülern nur vielseitiges Lernen. Auf der anderen Seite argumentierten die Vertreter des Realgymnasiums, dass Realabiturienten eine vollständig ausreichende Vorbildung mitbrächten, um sich auf der Universität zu bewähren. Insbesondere seien die Absolventen der Schulen dafür geeignet, das Studium der Mathematik und der Naturwissenschaften nicht nur auf den technischen Hochschulen, sondern auch auf den Universitäten zu absolvieren. Auch für das Studium der Medizin und des Rechts würden sie gut vorbereitet werden. Wenn es im 18. Jahrhundert möglich gewesen sei, so die Realschulvertreter, juristische Studien ohne Griechisch- und mit weniger Lateinkenntnissen als sie die Realabiturienten mitbrächten, erfolgreich zu beenden und im Beruf zu bestehen, so müsse dies doch auch in einer Zeit, in der die Rolle des Lateinischen und des Griechischen noch geringer sei, möglich sein. Darüber hinaus beklagten von der Ausschließung betroffene Schüler und deren Eltern, dass das Verwehren von Universitätsstudien die persönliche Freiheit beschränke und so dem öffentlichen Interesse widerspreche. Es sei nicht einzusehen, dass einem jungen Menschen, der sich von Anfang an mehr für mathematische oder naturwissenschaftliche Themen begeistere und weniger für sprachliche und sich so für das Realgymnasium entschieden habe, die Möglichkeit, Arzt zu werden, verweigert werde. Ebensowenig sei zu verstehen, warum Eltern, die sich für die Bildung ihrer Kinder alle Optionen offen halten möchten, genötigt würden, ihre Kinder zum Besuch eines Gymnasiums in weit entfernte Städte zu schicken, statt auf das Realgymnasium in ihrer Stadt.[268]

Der Streit der beiden Parteien entwickelte sich im weiteren Verlauf zunächst zu Gunsten der Realgymnasien. Schon in den sechziger Jahren wurden oftmals Realabiturienten zur Universität und sogar zum Examen zugelassen, obwohl sie bei ihrer Immatrikulation bestätigen mussten, keine

---

[268] Vgl. Paulsen, 1921, Bd. 2, S. 564 ff.; vgl. Kraul, 1984, S. 86 ff.

Anstellung im Staatsdienst zu beanspruchen. Der Grund hierfür war der stark gestiegene Bedarf an Lehrern, insbesondere für die neueren Sprachen, in den sechziger Jahren.[269] Zu der Entwicklung trug auch bei, dass die Naturwissenschaften, auf die die Realschulen in besonderem Maße vorbereiteten, an den Universitäten zunehmende Beachtung fanden.[270] Durch eine Verfügung vom 7. Dezember 1870 wurde den Realabiturienten offiziell gestattet, das Studium der Mathematik, der Naturwissenschaften und der neueren Sprachen an der philosophischen Fakultät aufzunehmen, die Prüfung pro facultate docendi abzulegen und sich so zur Anstellung im höheren Schulfach zu qualifizieren.[271] Die Vertreter der Realschulen sahen in der erwähnten Verfügung von 1870 einen Teilerfolg, der sie dazu anspornte, weiter für ihr Anliegen zu kämpfen. Sie verfolgten die Forderung nach der Gleichstellung des neuen mit dem alten Gymnasium und verlangten zunächst vor allem die Zulassung der Realabiturienten zum Medizinstudium. In den folgenden Jahren gab es zahlreiche Konferenzen und Veranstaltungen, in denen über die sogenannte Gleichstellungsfrage diskutiert und gestritten wurde.

Die Realschule erster Ordnung entwickelte sich trotz vermehrter Angriffe der Philologen weiter in Richtung Gelehrtenschule. Hatte Herrmann Bonitz, der Amtsnachfolger (1875) Ludwig Wieses, noch auf einer von Kultusminister Falk einberufenen Konferenz zur Beratung der Frage des höheren Schulwesens im Jahr 1873 die Entwicklung der Realschule zum Realgymnasium als Irrweg bezeichnet, führte er sie über die Lehrpläne von 1882 ihrem Ziel entgegen. In den Lehrplänen wurden die Realschulen erster Ordnung endlich offiziell als Realgymnasien betitelt und den alten Gymnasien so weit angenähert, „daß die Gleichsetzung als nächster Schritt erschien".[272] Auf der einen Seite wurde der Lateinunterricht in den Realgymnasien erheblich vermehrt auf nun 54 Wochenstunden, und auf der anderen Seite wurde auf dem alten Gymnasium der Französischunterricht in den drei unteren Klassen verstärkt und der Griechischunterricht auf die Tertia verschoben.[273] Bonitz war nun der Überzeugung, dass eine allgemeine Bildung nicht von der Kenntnis der beiden alten Sprache abhänge. Für eine logisch-formale und ethisch-ästhetische Bildung seien die alten Sprachen nicht erforderlich. Man habe schließlich kein Recht, von Leuten, die sich den höheren Studien widmen wollten, zu verlangen, Latein und Griechisch zu lernen. Die Schulverwaltung rückte insgesamt von der Meinung

---

[269] Zu dem Lehrermangel vgl. Wiese, 1874, Bd. III, S. 57.
[270] Vgl. Wiese, 1874, Bd. III, S. 34.
[271] Vgl. Paulsen, 1921, Bd. 2, S. 567 f.
[272] Paulsen, 1921, Bd. 2, S. 570.
[273] Auf die Lehrpläne von 1882 wird noch ausführlich eingegangen (s. Kap. 2.4).

ab, dass formale und humane Bildung, wie sie auf den alten Gymnasien vor allem über den altsprachlichen Unterricht vermittelt wurde, der einzige Weg zur allgemeinen und wissenschaftlichen Bildung sei. Während sich die Vorbildung durch die Realschule für die Studien auf dem mathematisch-naturwissenschaftlichen Gebiet besser eigne, sei für Studien auf dem historisch-philologischen Gebiet die Gymnasialbildung vorzuziehen. Trotz dieses Bekenntnisses der Schulverwaltung blieben die Realabiturienten weiterhin vom Medizin- und Jurastudium ausgeschlossen.[274] Die Aussperrung, so Paulsen, beruhte auf Willkür und Vorurteil. Es sei nicht einzusehen, dass Realabiturienten zum Lehrfach zugelassen werden, aber nicht Ärzte, Beamte oder Richter werden dürften. Lehrer der Mathematik und Naturwissenschaften und vor allem der Philologie bedürften doch im besonderen Maße einer allgemeinen und tieferen geschichtlichen Bildung, wie sie das alte Gymnasium vermitteln würde. Und trotzdem seien aus Realabiturienten gute Lehrer geworden, die den Schulen nicht geschadet, sondern vielmehr einen heilsamen Einfluss auf die Methode des Unterrichts in den neueren Sprachen ausgeübt hätten. Ebenso gut könnten Realabiturienten Ärzte, Beamte und Richter werden. Neben der Willkür, die bei der Aussperrung der Realabiturienten gewirkt habe, würden auch, so Paulsen, „Fakultätshochmut" und „Standeskastengeist" eine Rolle gespielt haben. Für „den Lehrerstand sind auch die Minderen noch gut genug; dagegen darf sich der vornehmste Stand nur aus der vornehmsten Schicht rekrutieren".[275] Er bezeichnete den „sozialaristokratischen Zug" der Zeit als das größte Hindernis für eine vernunftgemäße Ordnung des höheren Schulwesens.[276]

Dass die Entwicklung der Realschulen zum Realgymnasium nicht willkürlich vonstatten ging, sondern den Bedürfnissen der Zeit entsprach, zeigte sich auch in der Entwicklung des technischen Hochschulwesens. Seit der Errichtung der ersten technischen Lehranstalten in Form von Bergschulen, Forst-, Bau,- und Gewerbeakademien, tierärztlichen und landwirtschaftlichen Schulen sowie Kunst- und Kriegsakademien im 18. Jahrhundert standen sie in enger Verbindung mit den Realschulen, vor allem, da sie ihren Nachwuchs von jenen rekrutierten. Nach dem Wiener Frieden von 1814 / 15 entstanden viele technische Bildungsanstalten, die sich allmählich zu technischen Hochschulen entwickelten. Sie näherten sich im Laufe des 19. Jahrhunderts mehr und mehr den Universitäten an, indem sie einerseits die allgemein bildenden Fächer und ihre wissenschaftliche Ausrichtung betonten und sich andererseits in ihrer äußeren Verfassung und Unterrichtsform

---

[274] Vgl. Paulsen, 1921, Bd. 2, S. 571; vgl. Blättner, 1960, S. 223 ff.
[275] Paulsen, 1921, Bd. 2, S. 573.
[276] Vgl. Paulsen, 1921, Bd. 2, S. 573.
Zur politischen Funktion des Berechtigungswesens vgl. Blankertz, 1969, S. 107 ff.

an den Universitäten orientierten. In den neunziger Jahren hatten sie sich in einigen Staaten, in Bayern, Sachsen und Hessen, zu Parallelanstalten der alten Universitäten entwickelt. So durften Lehramtsanwärter mit den Fächern Mathematik und Naturwissenschaften für höhere Schulen in den genannten Staaten ihre Ausbildung ganz oder zum Teil an den technischen Hochschulen absolvieren. Mit der Entwicklung der technischen Hochschule ging ihre Anforderung an die Vorbildung ihrer Hörer einher. Es wurde nunmehr für ihren Besuch in Preußen das Reifezeugnis des Gymnasiums, des Realgymnasiums oder der Oberrealschule verlangt. Während Absolventen des alten Gymnasiums und der lateinlosen Oberrealschule eine mögliche, aber nicht die beste Vorbildung für die technischen Hochschulen mitbrachten, entsprachen die Absolventen des Realgymnasiums, die die unentbehrliche Lateinbildung mit einer umfangreichen wissenschaftlichen Bildung vereinten, am besten ihren Anforderungen.[277]

2.4 Das höhere Schulwesen im letzten Drittel des 19. Jahrhunderts

Die letzten drei Jahrzehnte des 19. Jahrhunderts brachten für das höhere Schulwesen „den leidenschaftlichen Endkampf zwischen ‚Humanisten' und ‚Realisten' um die Beseitigung des ‚Gymnasialmonopols' und die ‚Gleichberechtigung' der Realanstalten als ebenfalls zur Universität führenden allgemeinbildenden Schule".[278]

2.4.1 Annäherung der realistischen an die humanistischen Schulen

Der wirtschaftliche Aufschwung nach der Reichsgründung, die steigende Industrialisierung Deutschlands und „sein Hineinwachsen in Welthandel und Seegeltung, ebenso wie die ständig schneller fortschreitende Entwicklung der Naturwissenschaften und Technik, ließen eine mehr realistische, auf den modernen Sprachen, der Mathematik und den Naturwissenschaften aufbauende Bildung als immer notwendiger erscheinen und begünstigten die ... Realschulen"[279] und so auch das Realgymnasium, das der „große Konkurrent des Gymnasiums"[280] wurde.

2.4.1.1 Politische Rahmenbedingungen – Das Ministerium Falk

Mit dem „Prager Frieden" von 1866 und der Reichsgründung 1871 wich „in der Betätigung des Staates nach außen die schwächliche Erhaltungs-

---

[277] Vgl. Paulsen, 1921, Bd. 2, S. 574 ff.
[278] Giese, 1961, S. 38.
[279] Giese, 1961, S. 38.
[280] Blättner, 1960, S. 138.

und Enthaltungspolitik einer Politik kraftvoller und zuversichtlicher Selbstdurchsetzung", und im Innern wich „das Mißtrauen dem Glauben an das Volk, seine Kraft und seinen guten Willen".[281] Diese Haltung wirkte sich besonders auch auf die Schulpolitik aus. Die Überzeugung der Regierung des zu neuem Selbstbewusstsein gekommenen Staates war, dass die militärische und ökonomische Kraft des Staates von der Leistungsfähigkeit der Einzelnen abhängig sei, so dass ein wichtiges Interesse des Staates darin lag, „alle intellektuellen und sittlichen Kräfte der Bevölkerung zur möglichsten Höhe zu entwickeln".[282] „Sollte das Reich erhalten und gefestigt und die Wohlfahrt der Reichsgenossen gewahrt und gemehrt werden, so mußte der Genius des deutschen Volkes ... in den jüngeren Geschlechtern als eine den ganzen Menschen durchdringende Lebensmacht wirken".[283]

Dieses Leitbild vertrat auch Dr. Paul Ludwig Adalbert Falk, der im Jahr 1872 Unterrichtsminister von Mühler ablöste und die Entwicklung des Unterrichtswesens maßgeblich beeinflusste. Ein wesentlicher Unterschied in der Amtsführung Falks im Vergleich zu seinen Vorgängern lag in seiner Auffassung der Religion. Hatten frühere Kultusminister den Dienst an der Kirche als eine Hauptaufgabe gesehen und kirchliche Interessen vertreten, war der Jurist Falk der Meinung, Religion sei Privatsache und dürfe das Amt nicht beeinflussen.[284] Der Rückzug des Kultusministeriums von kirchlichen Belangen habe dazu geführt, so Paulsen, dass das innere religiöse Leben sehr viel gewonnen habe. Die gestiegene Achtung für die Religion und das gewachsene Interesse an religiösen Fragen im evangelischen Deutschland seit den siebziger Jahren sei maßgeblich auf den Rückzug des Staates von diesem Gebiet zurückzuführen. Es werde innerhalb der christlichen Welt immer so sein, „daß Gleichgültigkeit oder Feindseligkeit der Mächte dieser Welt gegen Kirche und Christentum Weckung und Belebung des religiösen Gefühls zur Folge hat, während Protektion es abstumpft und schwächt".[285]

Im Jahre 1875 schied Ludwig Wiese aufgrund der Unvereinbarkeit seiner Ansichten mit denen des Ministers aus seinem Amt aus. An seine Stelle trat der oben erwähnte Hermann Bonitz, „ein Gelehrter ..., ein bewährter Organisator, ein Pädagog und Lehrer von seltener Begabung".[286] Er hatte bereits 1849 an der Modernisierung der österreichischen Gymnasien, in

---

[281] Paulsen, 1921, Bd. 2, S. 577.
[282] Paulsen, 1921, Bd. 2, S. 577.
[283] Rethwisch, 1893, S. 103.
[284] Vgl. Wieses Lebenserinnerungen in: Paulsen, 1921, Bd. 2, S. 578.
[285] Paulsen, 1921, Bd. 2, S. 579.
[286] Paulsen, 1921, Bd. 2, S. 580.

denen durch die Lehrverfassung von 1849 die alte Lateinschule in eine moderne Gelehrtenschule mit starker Betonung des mathematisch-naturwissenschaftlichen Unterrichts umgewandelt wurde, führend mitgearbeitet. Bonitz' Zielvorstellung für das Gymnasium, die er in seinem „Organisationsentwurf für die österreichischen Gymnasien" deutlich dargestellt hatte, war das Einheitsgymnasium, an dem gleichmäßig humanistische und realistische Elemente gelehrt werden sollten, so dass es für alle, die eine höhere Bildung anstrebten, eine gute Vorbildung bot.[287]

2.4.1.2 Die Lehrpläne von 1882

1881 übernahm von Goßler das Unterrichtsministerium, das nach Falk einige Jahre Minister von Puttkamer innehatte. Von ihm stammen die Lehrpläne vom 31. März 1882[288] und die zugehörige Ordnung der Entlassungsprüfung vom 27. Mai 1882. Die Lehrpläne „ordneten alle Anstalten in bestimmt abgegrenzte Gattungen ein und stellten für jede derselben ... einen Normallehrplan auf, mit der Maßgabe, daß Abweichungen nur in beschränktem Umfange zulässig sein sollten".[289]

Neben das neunjährige Gymnasium und das Realgymnasium traten die nun ebenfalls neunjährigen lateinlosen Oberrealschulen, die zum Teil aus den größeren Realschulen zweiter Ordnung und zum Teil aus den Gewerbeschulen hervorgegangen waren. Die Lehrpläne von 1882 unterschieden sieben Schulgattungen. Zu den Vollanstalten zählten Gymnasium, Realgymnasium und Oberrealschule. Zu den Nichtvollanstalten gehörten Progymnasium, Realprogymnasium, höhere Bürgerschule und die Realschule ohne Lateinunterricht. Bis auf die Realschule unterschieden sich die Nichtvollanstalten von den entsprechenden Vollanstalten nur durch das Fehlen der Prima.[290]

Dem Bonitzschem Ideal der Einheitsschule entsprechend wurden die neuen Lehrpläne des Gymnasiums und des Realgymnasiums einander angenähert, so dass im Gymnasium die realistischen und im Realgymnasium die humanistischen Elemente gestärkt wurden. Die wichtigsten Änderungen waren im Einzelnen für das Gymnasium: die Reduzierung des lateinischen Unterrichts um neun und des griechischen Unterrichts um zwei Stunden. Mathematik und Naturwissenschaften hingegen gewannen zusammen sechs, Geschichte und Geographie drei und Französisch vier Stunden dazu. Ferner wurde der Beginn des Griechischunterrichts von der

---

[287] Vgl. Rethwisch, 1893, S. 108.
[288] In Auszügen abgedruckt bei Giese, 1961, S. 185 ff.
[289] Wiese, 1902, Bd. IV, S. 4.
[290] Vgl. Wiese, 1902, Bd. IV, S. 5.

Quinta auf die Tertia verlegt. Im Gegensatz dazu wurden im Realgymnasium der naturwissenschaftliche und der mathematische Unterricht um sieben Stunden gekürzt und der lateinische um zehn Stunden erhöht.[291] Bemerkenswert ist, dass „trotz der Reduzierung der Lateinstunden ... die Prüfungsanforderungen im Lateinischen" und der „umstrittene lateinische Aufsatz"[292] im vollen Umfang erhalten blieben. Weiterhin wurde neben dem Lateinlesen korrektes Lateinschreiben gefordert. In den entsprechenden Erläuterungen der Lehrpläne wurde betont, dass die Exerzitien und Aufsätze für das Erlernen der Sprache und die Vertiefung der Lektüre unverzichtbar seien. Die Lehrpläne der Gymnasien und der Realgymnasien wurden so weit angenähert, dass sie auf der Unterstufe nahezu identisch und „(vor dem Beginn des Griechischen) der Übergang von der realgymnasialen zur alt-gymnasialen Anstalt möglich war".[293]

2.4.1.3 Wirkung der Lehrpläne von 1882

Insgesamt stellte die neue Lehrordnung einen „Kompromiß mit allen möglichen Anforderungen und Rücksichten"[294] dar. Er befriedigte weder die Vertreter des Gymnasiums noch die der Realschule. So wurde auf der einen Seite dem Gymnasium statt der geforderten Bewegungsfreiheit im humanistischen Unterricht eine Vermehrung des mathematisch-naturwissenschaftlichen Unterrichts aufgebürdet. Auf der anderen Seite wurde auch dem Realgymnasium, durch eine Erhöhung des Lehrziels im Lateinischen – ohne eine entsprechende Entlastung auf einem anderen Gebiet – mehr aufgelastet, „die erwünschten Berechtigungen jedoch"[295] blieben aus.

Die beiden wichtigsten Ziele der Schulverwaltung, die Überbürdung und den Schulkrieg zu beseitigen, wurden durch die Lehrpläne nicht erreicht. Den Ursprung der Überbürdung sah Bonitz, ebenso wie Johannes Schulze am Ende der zwanziger Jahre, nicht in der Lehrverfassung, sondern vor allem im Fachlehrersystem und der Überfüllung der Schulen und der einzelnen Klassen. Anstatt Abhilfe zu schaffen, appellierte Bonitz an die Lehrer, ihren Beruf nicht nur äußerlich zu erfüllen, sondern sich ein Beispiel an besonders fähigen Lehrern, die ihre Aufgabe hervorragend meisterten, zu nehmen. Auch die Ärzte richteten ihre Aufmerksamkeit wieder auf die Frage der Überbürdung. Sie beschuldigten die Schulen, dass durch die Überbürdung der Schüler die körperliche und geistige Widerstandsfähigkeit

---

[291] Vgl. Giese, 1961, S. 191 f.
[292] Kraul, 1984, S. 92.
[293] Blättner, 1960, S. 224.
[294] Paulsen, 1921, Bd. 2, S. 584.
[295] Kraul, 1984, S. 91.

abgenommen hätte. Sie verwiesen unter anderem auf die Zunahme der Geisteskrankheiten, der Selbstmordfälle, der Kurzsichtigkeit und auf die abnehmende militärische Diensttüchtigkeit. Es wurden mehrere amtliche Gutachten erstellt, die die Überbürdungsklagen stützten. So wurde etwa in dem Gutachten der preußischen wissenschaftlichen Deputation für das Medizinalwesen von 1884 dringend eine schonendere Behandlung der Schüler empfohlen.

Die Überbürdungsverhandlungen endeten vorerst mit einem Erlass des Kultusministers vom 10. November 1884. Hierin wurden mit Hinweis auf den Befund der Medizinalbehörde einige Ratschläge zur Minderung der Überbürdung gegeben. Vor allem sollten die Lehrer die häuslichen Arbeiten der Schüler so gestalten, dass der aufmerksame Schüler sie ohne unüberwindbare Schwierigkeiten lösen könnte. Außerdem sollten die Lehrer einer Klasse einen Arbeitsplan für die häuslichen Arbeiten der Schüler erstellen. Darüber hinaus wurde darauf hingewiesen, dass zu strenge und abwertende Urteile auch den fleißigen und interessierten Schüler entmutigten.[296] Neben den Ratschlägen für die Lehrer wurden auch die Eltern in die Pflicht genommen, die Überbürdung von den Schülern fernzuhalten. Zum einen sollten sie überdenken, „ob sie gut thun, ihren Sohn in einer Schule zu belassen, deren Anforderungen über seine Leistungsfähigkeit"[297] hinausgehen. Und zum anderen sollten sie Sorge tragen, „daß ihren Kindern nicht durch Privatunterricht in Gegenständen, die nicht in der Schule getrieben werden, die zur Erholung bleibende Zeit über Gebühr gekürzt werde".[298] Auch der Schulkrieg setzte sich weiter fort. Die Vertreter des Realgymnasiums, die für mehr Berechtigungen für die Realgymnasien eintraten, hatten sich Mitte der siebziger Jahre in einem allgemeinen Realschulmännerverein organisiert und hielten das Interesse für ihre Sache durch Zeitschriften, Versammlungen und Vorträge wach. Neben ihren Mitstreitern, den städtischen Schulverwaltungen, befürworteten auch einige Hochschulangehörige, insbesondere Mediziner und Naturforscher, eine Ausweitung der Berechtigungen. Auch die Gegner dieser Bestrebungen, Vertreter der Gymnasien und viele Universitätsangehörige, verstärkten ihre Bemühungen. Sie missbilligten vor allem den steigenden Zuzug der Realgymnasiasten, die sie für universitäre Studien ungeeignet hielten, zu den Universitäten. „So entstand in den Universitäts- und Gymnasialkreisen eine leidenschaftliche Stimmung gegen das Realgymnasium. Die Zulassung seiner Schüler zur Universität wurde als der verhängnisvolle erste Schritt auf einer

---

[296] Vgl. Paulsen, 1921, Bd. 2, S. 588.
[297] Wiese, 1902, Bd. IV, S. 67.
[298] Wiese, 1902, Bd. IV, S. 67.

Bahn hingestellt, die zum Ruin der deutschen Wissenschaft und Bildung führen müsse".[299]

Zwei weitere Aspekte wirkten zu Ungunsten der Entwicklung der Realgymnasien. Erstens wurden für die zunehmende Überfüllung der gelehrten Berufe die Realgymnasien verantwortlich gemacht, da diese mit der Zulassung von Realabiturienten an die Universitäten einherging. „Die ‚Überproduktion von akademisch Gebildeten und von Schülern höherer Lehranstalten' wird nunmehr zum Argument gegen die Zulassung der Realschulabiturienten".[300] Zweitens wurde die Entwicklung der lateinlosen Realschulen seit dem Ende der siebziger Jahre stark gefördert. Wie oben dargestellt, führte die „Unterrichts- und Prüfungsordnung für die Real- und höheren Bürgerschulen" vom 6. Oktober 1859 dazu, dass statt des einen Gymnasiums und der höheren Bürgerschule neben das alte Gymnasium ein zweites, das Realgymnasium, getreten war. Der Bedarf einer höheren Bürgerschule blieb bestehen. So fanden zwar Vorschläge, die eine Mittelschule mit sechs Klassen und einer Fremdsprache vorsahen, lebhafte Zustimmung, aber es fehlten dieser Schulform damals zur Lebensfähigkeit noch entsprechende Berechtigungen. Im Jahr 1879 ging die Verwaltung der Gewerbeschulen vom Ministerium der öffentlichen Arbeiten auf das Schulministerium über, welches diese Anstalten in lateinlose Realschulen umformte und förderte. Die Lehrpläne von 1882 sahen sowohl neunjährige lateinlose Realschulen vor, die zur technischen Hochschule vorbilden sollten, als auch sechsjährige lateinlose Realschulen, die zum einjährigen Militärdienst befähigten.[301] Zu einer beträchtlichen Zunahme dieser Schulen trug auch die Haltung der Unterrichtsverwaltung unter Kultusminister von Goßler bei. „In Anbetracht des starken Andrangs zu den Universitätsstudien, der in amtlichen und nichtamtlichen Kreisen als höchst besorgniserregend empfunden"[302] würde, war die Schulverwaltung darauf aus, die Vermehrung der lateinschreibenden Anstalten zu steuern und die Errichtung reiner Realschulen zu fördern. Diese Schulpolitik führte dazu, dass die Zahl der lateinlosen Schulen und die ihrer Schüler in den Jahren 1882 bis 1890 beträchtlich anstieg, während die Schülerzahl der Gymnasien trotz einer Zunahme dieser Anstalten nur gering stieg. Die Anzahl der Realgymnasien und ihrer Schüler hingegen sank.[303]

---

[299] Paulsen, 1921, Bd. 2, S. 589.
[300] Kraul, 1984, S. 91.
[301] Vgl. Wiese, 1902, Bd. IV, S. 134 f.
[302] Minister von Goßler an sämtliche Staatsminister, 19. Mai. 1882, zitiert nach Kraul, 1984, S. 91.
[303] Vgl. Paulsen, 1921, Bd. 2, S. 593.

Ende der achtziger Jahre erreichte „der Streit um eine Reform des höheren Schulwesens und um die Berechtigungen der einzelnen Schultypen"[304] seinen Höhepunkt. Die Anhänger einzelner Reformprogramme hatten zur Durchsetzung ihrer bildungspolitischen Interessen Vereine gegründet. Neben dem oben erwähnten Realschulmännerverein formierten sich die Vertreter der lateinlosen höheren Schulen. Sie konnten „bei den Gymnasien, im Unterschied zu den durch ihren hohen Anteil an Latein als Konkurrenz geltenden Realgymnasien, auf Unterstützung rechnen".[305] Weitere schulpolitische Konzeptionen wurden vom „Deutschen Einheitsschulverein" und vom „Verein für Schulreform" vertreten. Der Einheitsschulverein, gegründet im Oktober 1889, wollte das Gymnasium durch die Aufgabe des Lateinschreibens, stärkere Betonung des Deutschen, die Aufnahme des Englischen und die Fortführung des Zeichnens an die Forderungen der Gegenwart anpassen und so das Realgymnasium aufheben. Neben dem Gymnasien sollte es nur noch sechs- und neunjährige lateinlose Schulen geben. Radikalere Veränderungen forderte der nahezu zur gleichen Zeit gegründete „Verein für Schulreform". Das Ziel des von Friedrich Lange, damaliger Herausgeber der Zeitung „Tägliche Rundschau", gegründeten Vereins war eine radikale Einheitsschule. Diese Schule sollte alle bisherigen Schultypen vereinen, indem sie in einer einheitlichen sechsklassigen Mittelschule, „die zugleich höhere Bürgerschule und Unterbau für die aufzusetzenden drei Formen des Gymnasiums"[306] sein sollte, alle Bildungsbedürfnisse erfüllte. Schließlich formierten sich auch die Altphilologen im Gymnasialverein, dessen Ziel es war, alle Strebungen gegen das alte Gymnasium zu bekämpfen und seine Privilegien zu erhalten.[307]

2.4.2 Versuch der Beseitigung des Realgymnasiums

Die „Schulkonferenz ... von 1890 tat nicht den zu erwartenden, der tatsächlichen Entwicklung des höheren Schulwesens entsprechenden Schritt, das Gymnasialmonopol aufzugeben. Die versammelten Schulmänner und Universitätsprofessoren blieben in einem unbeweglichen Traditionalismus bei halben Lösungen stehen: Das Realgymnasium wurde als ‚eine Halbheit' zum Tode verurteilt, am Gymnasialmonopol aber noch immer festgehalten".[308] „Da die Notwendigkeit einer realistischen Schule mit dem besten Willen nicht mehr zu bestreiten war, wandte sich nun die Sympathie der Philologen (womit bis dahin immer nur die klassischen Philologen gemeint

---

[304] Kraul, 1984, S. 100.
[305] Kraul, 1984, S. 100.
[306] Paulsen, 1921, Bd. 2, S. 594.
[307] Vgl. Paulsen, 1921, Bd. 2, S. 593 f.; Glöckner, 1976, S. 48 f.; Kraul, 1984, S. 100.
[308] Giese, 1961, S. 40.

sind)"[309] einem neuen Schultypus, den sie nicht als Konkurrent der Gymnasien ansahen, zu. Die durch die Lehrpläne von 1882 neben das Gymnasium und Realgymnasium gestellte lateinlose Oberrealschule stieg auf.

2.4.2.1 Die Schulkonferenz von 1890

Die Diskussion über die weitere Entwicklung des Schulwesens war im vollen Gange, als das Kultusministerium die sogenannte Dezemberkonferenz berief. Den äußeren Anlass zur Einberufung der Schulkonferenz von 1890 gab ein Erlass des bildungspolitisch sehr engagierten Kaiser Wilhelm II. vom 1. Mai 1889 an das Staatsministerium.[310] In dem Erlass wurden „die Wege angegeben ..., welche die Schule, die höhere und die niedere, einzuschlagen hat, um an ihrem Teil den friedlichen Ausbau unserer Gesellschaftsverfassung fördern zu helfen".[311] Besondere Bedeutung wurden dem Religions- und Geschichtsunterricht zugewiesen. „Jener durch Nährung der herzlichen Liebe zum Nächsten, dieser durch Aufdeckung der Bahnen, auf denen unser Volk zu höherer Wohlfahrt gelangt ist, sowie der Irrgänge, die sein Vorschreiten gehemmt haben".[312] Ausführlicher wurden die Grundsätze, die dem Staatsministerium als Leitmotiv für die Neugestaltung des Schulwesens dienen sollten, in einer Kabinettsordre vom 13. Februar 1890 für die Gestaltung des Unterrichts im Kadettenkorps ausgesprochen. Diese waren vor allem die Vereinfachung des Unterrichts, um der Überbürdung entgegenzuwirken, die Betonung der ethischen Seite im Religionsunterricht und die Erziehung zur Gottesfurcht und Glaubensfreudigkeit für eine Erziehung zur Strenge gegen sich und zur Duldsamkeit gegen andere sowie eine Verschiebung der Lehrinhalte des Geschichtsunterrichts hin zu Aspekten der Gegenwart. Darüber hinaus sollte das Deutsche zum Mittelpunkt des gesamten Unterrichts werden. Schließlich sollte der Unterricht in den neueren Sprachen am praktischen Gebrauch orientiert werden.[313]

Durch die Konferenz, die vom 4. bis 17. Dezember 1890 tagte, sollten, nach Minister von Goßler, „typische Vertreter der entgegengesetzten Richtungen zu friedlichem Meinungsaustausch"[314] zusammengeführt werden und über schwebende Fragen in der Schulpolitik beraten. Dass das Ministe-

---

[309] Blättner, 1960, S. 138.
[310] Die „Kabinettsordre Kaiser Wilhelms II. zur Bekämpfung sozialistischer und kommunistischer Ideen durch die Schule (1889)" ist abgedruckt in: Michael / Schepp, 1993, S. 184 ff.
[311] Rethwisch, 1893, S. 116 f.
[312] Rethwisch, 1893, S. 117.
[313] Vgl. Paulsen, 1921, Bd. 2, S. 595 f.
[314] Paulsen, 1921, Bd. 2, S. 595.

rium durch die Konferenz nicht beabsichtigte, der „Umbildung des höheren Schulwesens den Weg zu weisen", sondern ihre „ablehnende Haltung ... gegen die Forderungen der Realschulmänner vor der öffentlichen Meinung durch das Votum der Versammlung zu rechtfertigen"[315] sei schon, so Paulsen, bei der Veröffentlichung der Namen der zur Teilnahme Berufenen deutlich geworden.[316] Es wurden nämlich keineswegs „typische Vertreter der verschiedenen Richtungen" in die Konferenz berufen worden. Vertreter des Langerschen Vereins für eine radikale Einheitsschule waren überhaupt nicht zugegen und Vertreter des Realgymnasiums, unter ihnen Friedrich Paulsen, nur wenige. Dagegen waren sehr viele Vertreter des alten Gymnasiums verpflichtet worden, wie Gymnasialschulräte und -direktoren, Kirchenbeamte beider Konfessionen und Mitglieder der Volksvertretung, die sich alle als Gegner größerer Veränderungen in der Verfassung und des Berechtigungswesens profiliert hatten. Außerdem einige Universitätslehrer sowie einige Vertreter der lateinlosen Schule und der praktischen Berufe, die alle gegen die lateinischen Realanstalten eingestellt waren. Schließlich wurden noch einige nichtpreußische Schulleute hinzugezogen, die als Gegner der Bestrebungen des Realschulmännervereins und der Einheitsschule im Langerschen Sinn bekannt waren.[317] Die Teilnehmer seien so ausgewählt worden, „daß die Rechtfertigung des antirealgymnasialen Kurses der Regierung gewährleistet war. Die Einberufung einer solchen Konferenz ... dient letztlich der Legitimation festgelegter Richtungen".[318]

Der Kaiser eröffnete höchstpersönlich die Schulkonferenz und ergriff in einer ausführlichen Eröffnungsrede[319] die Gelegenheit, seine Ansichten darzulegen und die Leistungen des Gymnasiums, welches er aus eigener Erfahrung kannte, zu kritisieren. Seiner Meinung nach mangelte es dem Gymnasium vor allem am nationalen Charakter. Griechisch und Latein sei gestrig und nicht maßgeblich. Maßgeblich sei der deutsche Aufsatz. Er solle im Mittelpunkt der Schulbildung stehen: „wir sollen nationale junge Deutsche erziehen und nicht junge Griechen und Römer".[320] Darüber hinaus sollte mehr Rücksicht auf die Charakterbildung und die auf Bedürfnisse des Lebens genommen werden. In diesem Zusammenhang tadelte er die Überbürdung der Schüler mit täglichen Hausarbeiten. Die gesundheitlichen Schäden des bisherigen Unterrichts sollten durch Hygiene und Turnen

---

[315] Paulsen, 1921, Bd. 2, S. 597.
[316] Eine Teilnehmerliste der Schulkonferenz ist abgedruckt in: Wiese, Bd. IV, S. 9.
[317] Vgl. Paulsen, 1921, Bd. 2, S. 596 f.
[318] Kraul, 1984, S. 101.
[319] Die „Ansprache Seiner Majestät des Königs am 4. Dezember 1890" ist abgedruckt in: Wiese, 1902, Bd. IV, S. 11 ff.
[320] Ansprache Seiner Majestät des Königs am 4. Dezember 1890. In: Wiese, 1902, Bd. IV, S. 13.

bekämpft werden. Schließlich machte er die zu große Anzahl der Gymnasien für das „Abiturientenproletariat" verantwortlich. „Die sämtlichen sogenannten Hungerkandidaten, namentlich die Herren Journalisten, das sind vielfach verkommene Gymnasiasten, das ist eine Gefahr für uns".[321] Die unerwartete Schlussfolgerung hieraus war ein Ausspruch gegen die Realgymnasien. Es sollte nur noch Gymnasien, die klassische Bildung vermitteln, und eine zweite Form von Schulen, die Realbildung vermitteln, geben, aber keine Realgymnasien.

Die Verhandlungen der Schulkonferenz und ihre Beschlüsse wurden maßgeblich von der Rede des Kaisers beeinflusst. Für den Lehrplan des Gymnasiums wurde eine Verminderung der Unterrichtsstunden beschlossen. Dies sei in den alten Sprachen dann möglich, hieß es in den Beschlüssen, wenn als Ziel des Unterrichts nur eine Einführung in die klassischen Schriftsteller erstrebt werde und der Grammatik nur noch der Status eines Mittels zugesprochen werde. Der lateinische Aufsatz als Abschlussziel sollte ebenso wie das griechische Versetzungsskriptum zur Prima wegfallen. Empfohlen wurde die Einführung des Englischen und die verbindliche Beibehaltung des Zeichnens. Darüber hinaus sollte der Deutschunterricht gestärkt werden und der Geschichtsunterricht, vor allem neuere vaterländische Geschichte, zu Lasten anderer Geschichtsgebiete, intensiviert werden. Schließlich bestand Einverständnis, „daß für die körperlichen Übungen mehr Raum geschafft werden müßte".[322] Der große Einfluss, den die Eingangsrede des Kaisers auf die Verhandlungen ausgeübt hatte, zeigte sich unter anderem daran, dass einige Beschlüsse, insbesondere der Wegfall des lateinischen Aufsatzes, gegen die Grundanschauung der zahlenmäßig überlegenen Gymnasialpartei beschlossen wurde.[323] Hinsichtlich der Organisation des höheren Schulwesens wurden folgende Beschlüsse getroffen. Ein einheitlicher Unterbau, wie ihn Lange forderte, wurde ausdrücklich nicht empfohlen. Es sollten grundsätzlich nur zwei Formen der höheren Schule beibehalten werden, nämlich das Gymnasium mit Latein und Griechisch und lateinlose Anstalten. Hiermit wurde die Auflösung der Realgymnasien beschlossen. Das Abschlusszeugnis der lateinlosen Oberrealschule sollte fortan nicht nur zum Studium an der technischen Hochschule berechtigen, sondern auch zum Studium der Mathematik und Naturwissenschaften an der Universität. Außerdem sollte auf eine gleiche Wertschätzung der realistischen mit der humanistischen Bildung hingearbeitet werden, und jeder Abiturient einer neunklassigen Schule sollte die Möglichkeit erhalten,

---

[321] Ansprache Seiner Majestät des Königs am 4. Dezember 1890. In: Wiese, 1902, Bd. IV, S. 14.
[322] Rethwisch, 1893, S. 122.
[323] Vgl. Paulsen, 1921, Bd. 2, S. 599.

durch ein Fachexamen während der Studienzeit die Zulassung zu den Staatsprüfungen zu erlangen.

Zum Abschluss der Konferenz erschien wiederum Kaiser Wilhelm II. und lobte in einem Schlusswort[324] die Beschlüsse der Konferenz, die genau seinen Vorgaben und Vorstellungen entsprachen.[325] Dem Minister wurde durch eine Kabinettsordre aufgetragen, einen Ausschuss zu bilden, der die Ergebnisse der Konferenz prüfen und einige, „als besonders tüchtig bekannte Anstalten Preußens und anderer Staaten", besuchen sollte, „um das gewonnene Material auch nach der praktischen Seite zu vervollständigen".[326] Auf der Basis dieser Vorarbeiten sollte er dann neue Lehrpläne entwerfen.

2.4.2.2 Die Lehrpläne von 1892

Nachdem der Ausschuss seine Arbeit beendet hatte und der Kaiser die vom Staatsministerium beschlossenen Änderung am 1. Dezember 1891 genehmigt hatte, „setzte der Unterrichtsminister Graf von Zedlitz-Trützschler unter dem 6. Januar 1892 die Lehrpläne und Lehraufgaben und die Ordnung der Reifeprüfungen und Abschlußprüfungen für die höheren Schulen von 1891 in Vollzug".[327]

Die grundlegenden Veränderungen betrafen alle drei höhere Schultypen, Gymnasium, Realgymnasium und Oberrealschule. In allen Anstalten wurde die Gesamtzahl der Unterrichtsstunden durchschnittlich um zwei Wochenstunden je Schuljahr gesenkt und der Unterricht im Deutschen trotz der Reduktion erhöht. „Diese Umstruktierung geht vor allem zu Lasten der ersten Fremdsprache, im Gymnasium und Realgymnasium zu Lasten des Lateinischen, in der lateinlosen Oberrealschule wird das Französische reduziert".[328] Um der angeprangerten Überbürdung entgegenzuwirken, wurde der Beginn der zweiten Fremdsprache im Gymnasium und Realgymnasium von der Quinta auf die Quarta verlegt. Darüber hinaus wurde die verbindliche Einführung von drei Turnstunden pro Woche als Gegengewicht zur geistigen Anstrengung erstrebt.[329]

---

[324] Die „Ansprache Seiner Majestät des Königs am 17. Dezember 1890" ist abgedruckt in: Wiese, 1902, Bd. IV, S. 16 ff.
[325] „Erziehungsgeschichtlich bedeutsam ist, dass mit den Reden des Kaisers, ebenso wie mit dem Kaiserlichen Erlaß vom 1. Mai 1889 ... erstmalig der deutschen Schule eine politische Erziehungsaufgabe gestellt wurde" (s. Giese, 1961, S. 40).
[326] Schmid, 1901, Bd. 5, Abt. 1, S. 424.
[327] Rethwisch, 1893, S. 131.
[328] Kraul, 1984, S. 105.
[329] Vgl. Kraul, 1984, S. 104 f.

In der Lehrordnung des Gymnasiums wurde eine Abkehr von dem in den fünfziger Jahren als allgemein für vernünftig erachteten Prinzip der Konzentration deutlich. Stattdessen wurde nun das Prinzip der „allseitigen Bildung" vertreten. Die größten Veränderungen betrafen die alten Sprachen. Das Lateinische wurde um weitere 15 Stunden gekürzt, nachdem es in den Lehrplänen von 1882 schon neun Stunden eingebüßt hatte, und das Griechische wurde um vier Stunden reduziert. Im Gegensatz zu den zweiundachtziger Lehrplänen wurden nun auch die Lehrziele für das Lateinische beschränkt. Namentlich der lateinische Aufsatz im Abitur fiel weg, und als Lehrziel wurde das „Verständnis der bedeutenderen klassischen Schriftsteller der Römer und sprachlich-logische Schulung"[330] vorgegeben. Im Griechischen wurde trotz der Verringerung der Stundenzahl die Lektüre erweitert. Der Deutschunterricht erhielt fünf zusätzliche Stunden und wurde neben dem Religions- und Geschichtsunterricht als der wichtigste Unterricht bezeichnet. Deutsch war auch das einzige Fach, in dem ungenügende Leistungen in der Abiturprüfung nicht durch gute Leistungen in einem anderen Fach kompensiert werden konnten. Die übrigen Fächer wiesen kaum Veränderungen auf. Französisch, Geschichte / Geographie und Naturbeschreibung wurden um je zwei Stunden gekürzt, Mineralogie und Zeichnen um je zwei Stunden erweitert. Mathematik und Schreiben blieben unverändert. Bemerkenswert ist noch, dass im Geschichtsunterricht die ältere Geschichte zu Gunsten der neueren und neuesten Geschichte eingeschränkt wurde.[331]

Auch für das „Realgymnasium, dessen Existenz als utraquistische Anstalt, an Realien wie am Lateinischen orientiert, in den Voten auf der Schulkonferenz generell in Frage gestellt wird, sind die Veränderungen von grundlegender Bedeutung".[332] Der Lateinunterricht wurde um elf Stunden gekürzt und in der Abiturientenprüfung nur noch als Nebenfach behandelt, obwohl er mit insgesamt 43 Stunden das umfangreichste Fach blieb. Hinzu kam, dass ungenügende Leistungen in Latein im Gegensatz zu ungenügenden Leistungen in Deutsch, Französisch oder Englisch, ausgeglichen werden konnten, obwohl die anderen Sprachen erheblich weniger Raum im Kursus einnahmen. Die Reduktion des Lateinunterrichts entsprach zwar dem eigentlichen realgymnasialen Bildungsziel, „da jedoch der Ausbau des Lateinunterrichts (1882) zumindest inoffiziell mit einer bevorstehenden Gleichberechtigung verbunden war, lassen die neuerliche Kürzung und die anteilmäßige Fächerverteilung entsprechend dem Lehrplan von 1859 eine endgültige Fixierung des Berechtigungsgefälles zwischen Gymnasium und

---

[330] Lehrordnung von 1892, zitiert nach Paulsen, 1921, Bd. 2, S. 602.
[331] Vgl. Paulsen, 1921, Bd. 2, S. 602 ff.; vgl. Wiese, 1902, Bd. IV, S. 122 ff.
[332] Kraul, 1984, S. 105.

Realgymnasium vermuten".[333] Weitere Kürzungen des Kurses betrafen Französisch um drei, Englisch, Geschichte / Erdkunde, Mathematik und Zeichnen um jeweils zwei Stunden. Die restlichen Fächer blieben unverändert.[334]

Die größten Veränderungen im Lehrplan der neunklasssigen lateinlosen Realschule beziehungsweise Oberrealschule waren die Kürzungen der Unterrichtsstunden im Französischen um neun und im Freihandzeichnen um acht Stunden. Der Deutschunterricht erhielt auch in dieser Schulform mehr Gewicht, indem er um vier Stunden erhöht wurde. Der Unterricht in Englisch, Geschichte / Erdkunde, Mathematik, Naturbeschreibung und Physik wurde leicht verringert, während der Chemie- und Mineralogieunterricht geringfügig erhöht wurde. Die Änderungen in den sechsklassigen Anstalten gingen in die gleiche Richtung. Viel wichtiger als die Lehrplanänderungen war für die lateinlosen Realschulen die Erweiterung der Berechtigungen. Mit dem Reifezeugnis der sechsklassigen Realschule konnte der Absolvent nun die untere Beamtenlaufbahn einschlagen. Das Reifezeugnis der Oberrealschule eröffnete zusätzlich zu der bisherigen Berechtigung zum Studium an den technischen Hochschulen den Zugang zum Studium der Mathematik und der Naturwissenschaften an den Universitäten.[335]

Auch im Prüfungswesen gab es einige wichtige Änderungen. Nach der Untersekunda wurde eine Abschlussprüfung für die neunklassigen Anstalten eingeführt. „Die neunklassigen Anstalten gliedern sich hiernach in eine sechsklassige Unter- und eine dreiklassige Oberstufe".[336] Der Grund für die Einführung der Prüfung war, dass die Schüler der sechsklassigen lateinlosen Realschulen nur durch eine Abgangsprüfung den Einjährigenschein erreichen konnten, während die Schüler der neunklassigen Anstalten diese Berechtigung mit dem Übergang in die Obersekunda erhielten. Um nun diejenigen Schüler, die nur auf den Einjährigenschein aus waren und die Abgangsprüfung umgehen wollten, von den neunjährigen Anstalten, insbesondere von den Gymnasien, fernzuhalten, wurde eine Abgangsprüfung, die „in ihrer allgemeinen Einrichtung dem bewährten Vorbild der Schlußprüfung an den Realschulen"[337] folgte, eingeführt.[338] In diesem Zusammenhang standen auch die Änderungen in der Abiturientenprüfung. „Auf der Konferenz war die Ansicht ausgesprochen worden, daß sich diese

---

[333] Kraul, 1984, S. 105.
[334] Vgl. Paulsen, 1921, Bd. 2, S. 605 ff.; vgl. Wiese, 1902, Bd. 4, S. 128 ff.
[335] Vgl. Paulsen, 1921, Bd. 2, S. 606; vgl. Wiese, 1902, Bd. IV, S. 136 ff.
[336] Rethwisch, 1893, S. 136.
[337] Rethwisch, 1893, S. 137.
[338] Vgl. Paulsen, 1921, Bd. 2, S. 606 f.

[die Prüfung nach der Untersekunda] pädagogisch vielleicht rechtfertigen lasse, wenn sie als eine Art Vorprüfung dem Abiturientenexamen einen Teil seiner Last abnehme, die Oberstufe der Gymnasien von dem großen Memorierwerk befreie und damit der selbständigen und freien Arbeit mehr Raum schaffe".[339] Dementsprechend sollte sich die Prüfung nur noch auf Lerninhalte der Oberstufe beziehen. Außerdem erweiterte die neue Ordnung die Dispensationen von der mündlichen Prüfung dahingehend, dass nun genügende schriftliche Leistungen in allen Fächern zu einer Freistellung der mündlichen Prüfung führen mussten, während vorher zum Teil befriedigende Leistungen nur zur Dispensation führen konnten, aber nicht mussten. Die größte Entlastung in der Abiturprüfung war der oben bereits erwähnte Wegfall des lateinischen Aufsatzes.[340]

2.4.2.3 Wirkung und Bewertung der Lehrpläne von 1892

Als „einen ernsthaft gemeinten Versuch ... das höhere Schulwesen den wirklichen Bedürfnissen der Gegenwart anzupassen", charakterisierte Paulsen zusammenfassend die Reform von 1892 und würdigte gleichzeitig die Bemühungen, „die Gelehrtenbildung und die Volksbildung einander näher zu bringen".[341]

In den Gymnasien sei dies vor allem durch das Aufheben der „lateinischen Eloquenz" als Schulziel gefördert worden. An ihre Stelle sei die „deutsche Eloquenz" getreten. Sei dies ein notwendiger und wünschenswerter Schritt gewesen, so sei die Verkürzung des klassischen Unterrichts in der Oberstufe bedenklicher. Diese führe dazu, so Paulsen, dass nicht einmal mehr „ein leidlich freier Verkehr mit den [klassischen] Autoren" erreicht werde, so dass der „Ertrag des Unterrichts in den alten Sprachen"[342] den Aufwand nicht mehr lohne. Nur eine Befähigung der Schüler zu einer freien und eingehenden Beschäftigung mit der geistigen Bildung der alten Welt rechtfertige den klassischen Unterricht als einen allgemeinbildenden. Habe der altsprachliche Unterricht vor den 92er Lehrplänen schon dazu geführt, so die Vertreter der Gymnasien, dass die Fähigkeiten der Schüler, die Sprachen zu verstehen, kontinuierlich abgenommen hätten, so seien sie nach der Neuordnung noch weiter gesunken.[343] Mit dem Verlust der Gründlichkeit der klassischen Bildung gehe auch ihre bildende Kraft verloren. Darüber hinaus widerspreche es dem Prinzip der humanistischen Jugendbildung, die klassischen Studien einfach zu gestalten, da ihr

---

[339] Paulsen, 1921, Bd. 2, S. 607.
[340] Vgl. Rethwisch, 1893, S. 137.
[341] Paulsen, 1921, Bd. 2, S. 614 f.
[342] Paulsen, 1921, Bd. 2, S. 616.
[343] Vgl. Rethwisch, 1904, S. 46 f.

Wert darauf beruhe, die Kräfte des Schülers zusammenzufassen und anzuspannen.[344] Der klassische Unterricht wurde nicht nur durch die reine Verkürzung ihrer Unterrichtszeit beschränkt, sondern auch durch eine Verschiebung des Verhältnisses zu den anderen Fächern. Den Kürzungen der gesamten Schulzeit auf Kosten der alten Sprachen standen Verstärkungen im Deutschunterricht und naturwissenschaftlichen Unterricht gegenüber, so dass „die Kraft der Gymnasiasten in noch höherem Maße von der Hauptaufgabe abgelenkt"[345] wurde. Ein geradezu „tödlicher Schlag gegen die Idee des humanistischen Gymnasiums"[346] sei, dass der deutsche Unterricht „neben dem der Religion und Geschichte als der ethisch bedeutsamste in dem Organismus unserer höheren Schulen"[347] bezeichnet wurde. Hiermit wurde ausdrücklich die zentrale erzieherische Aufgabe, die früher den Altertumswissenschaften vorbehalten war, den sogenannten Gesinnungsfächern zugewiesen. Eine Verfügung des Kultusministeriums vom 13. Oktober 1895, die den Provinzialschulbehörden „auf Grund der gemachten Erfahrung"[348] erlaubte, in den oberen drei Gymnasialklassen den Lateinunterricht um je eine Stunde auszudehnen, führte zwar fast in allen Schulen zu der entsprechenden Erhöhung, änderte aber nichts an dieser Entwicklung.[349]

Als ein „besonderes Verdienst der Neuordnung"[350] wertete Lehmann die Begünstigung der lateinlosen Anstalten, die sich als Folge der Reform rasch ausbreiteten.

Im Gegensatz dazu erscheine, so Paulsen, die Demontage der Realgymnasien als ein „unbegreiflicher Mißgriff". Erstens widerspreche die Beseitigung des Realgymnasiums dem „Prinzip der Kontinuität der Entwicklung" und erschüttere so das Vertrauen in die Politik der Schulverwaltung. Zweitens widerspreche sie den „Bedürfnissen der Gegenwart". So gebe es viele Berufe, wie etwa den des Offiziers, des Politikers und des Technikers, die zwar das Lateinische brauchten, das Griechische aber entbehren könnten. Ihre Vorbildung werde am besten durch die Realgymnasien erreicht. Drittens stehe die Auflösung der Realgymnasien im Widerspruch zu den Interessen der lateinlosen Realschulen. Durch die Realgymnasien stehe das „ganze Realschulwesen innerlich und äußerlich mit dem Gymnasium und der Universität in Verbindung".[351] Diese Stellung könnte die Oberrealschu-

---

[344] Vgl. Lehmann, 1921, S. 717.
[345] Lehmann, 1921, S. 717.
[346] Lehmann, 1921, S. 717.
[347] Lehrpläne von 1892, zitiert nach Lehmann, 1904, S. 84.
[348] Erlass vom 13. Oktober 1895, zitiert nach Schmid, 1901, Bd. 5, Abt. 1, S. 441.
[349] Vgl. Schmid, 1901, Bd. 5, Abt. 1, S. 441 ff.
[350] Lehmann, 1904, S. 84.
[351] Paulsen, 1921, Bd. 2, S. 620.

le noch nicht einnehmen, so dass bei einem Wegfall der Realgymnasien das höhere Schulwesen in „zwei getrennte Hälften ohne inneren Zusammenhang"[352] zerfallen würde, und die Möglichkeiten des Übergangs zu beiden Seiten, die das Realgymnasium ermögliche, würden wegfallen. Infolge dessen würden sich vor allem kleinere Städte bei der Wahl der Errichtung einer Schule nicht für lateinlose Realschulen entschließen. Sich „den Zugang zur Universität offen halten, ist doch eine wichtige Rücksicht bei der Wahl einer Schule".[353] Außerdem sei zu bedenken, dass es nicht im Interesse des Ganzen sei, den kleinen Orten den Zugang zu den Universitäten zu versperren. Und viertens widerspreche die Beseitigung der Realgymnasien auch dem Interesse der Gymnasien. Das Gymnasium als Schule für alle, die höhere Bildung anstreben, müsse sich auch nach den Bedürfnissen aller richten, so dass der klassische Unterricht innerlich zugrunde gehen würde. Ohne eine Gelehrtenschule neben sich würden zum einen die Gymnasialklassen noch voller werden, und zum anderen würde dieser Zustand den unterschiedlichen Bildungsbedürfnissen nicht gerecht werden, so dass reale und klassische Bildung zu kurz kommen würden. [354]

Der Fortbestand der Realgymnasien war wesentlich dem Grafen von Zedlitz, der von Goßler als Kultusminister ablöste, zu verdanken. Er hatte auf vielfache Petitionen der Städte und der Realschulmänner hin die Erhaltung des Realgymnasiums zugesagt und durchgesetzt. Eine amtliche Bestätigung für den Fortbestand war die oben genannte Verfügung vom 13. Oktober 1895 durch Dr. Bosse, der den Grafen Zedlitz nach kurzer Amtszeit ersetzte, in der er nicht nur auch den Realgymnasien eine entsprechende Ausdehnung des Lateinunterrichts gestattete, sondern auch das Versprechen gab, die Konsequenzen aus dieser Entscheidung zu ziehen. Somit war die Entwicklung, das Realgymnasium aufzuheben, beendet, und auch die Umwandlungen der Realgymnasien in zumeist lateinlose Anstalten hörte auf.

Die Überbürdung der Schüler hatte insgesamt abgenommen. Die Zahl der Schulstunden durfte fortan maximal 30 Stunden in der Woche betragen, „und eine Mehrbelastung mit häuslicher Arbeit" wurde „entschieden untersagt".[355] In der Lehrordnung wurden einige Aspekte zur Bestimmung und Bemessung der häuslichen Aufgaben genannt, um eine Überbürdung zu verhindern. Die Beschränkung der Schulstunden sollte durch bessere Lehrmethoden kompensiert werden. Eine „nicht zu große Klasse und ein frischer, fröhlicher, nicht übermüdeter und nicht durch Schablone und

---

[352] Paulsen, 1921, Bd. 2, S. 620.
[353] Paulsen, 1921, Bd. 2, S. 621.
[354] Vgl. Paulsen, 1921, Bd. 2, S. 618 ff.
[355] Lehmann, 1904, S. 83.

Examensbedrängnis zu sehr eingeengter Lehrer"[356] sollten die Voraussetzung für einen lebendigen Unterricht schaffen. Die Verwirklichung dieser idealen Vorstellung gestaltete sich schwierig. Sollte die Schülerzahl pro Klasse in den unteren und mittleren Stufen laut Konferenzbeschluss nicht über 40 und in der Oberstufe nicht über 30 liegen, so hatte sich an der tatsächlichen Überfüllung der Klassen nicht viel geändert. Auch die tatsächliche Lehrstundenzahl der wissenschaftlichen Lehrer, die die Konferenz auf maximal 22 festgesetzt hatte, war aus Gründen der Sparsamkeit eher gestiegen.[357] Die auf der Konferenz von allen Seiten befürwortete Erhöhung der Freiheit und des Spielraums für mehr Individualität der Anstalten wurde ebenfalls nicht realisiert. Statt dessen wurde die Freiheit weiter eingeschränkt, indem erstmalig durch die Lehrpläne explizit vorgeben wurde, welcher Lehrstoff in welcher Klasse zu behandeln sei und mit welchen Übungen und Büchern er vermittelt werden solle. Sogar methodische Anweisungen wurden erteilt. Als „wohl die härteste Einschnürung der freien Bewegung"[358] bezeichnete Paulsen die neue Abschlussprüfung. Durch sie sei den Lehrern die Möglichkeit der Entscheidung über die Versetzung des Schülers in die Oberstufe genommen worden. Die Freiheit der Lehrer, auch Schüler zu versetzen, die in einigen Bereichen Schwierigkeiten hatten, aber hinsichtlich ihrer ganzen Entwicklung Anlass zur Hoffnung auf eine erfolgreiche Schullaufbahn gaben, sei aufgehoben worden. Stattdessen wurden von dem Schüler klar abgegrenzte Leistungen verlangt. Hinzu kamen die restringierenden Auswirkungen der Abschlussprüfung auf den Unterrichtsbetrieb. So seien nicht nur viele Lehrinhalte in die Obertertia und die Untersekunda verlegt worden, um den Schülern eine „abgeschlossene Bildung" zu ermöglichen, sondern es sei auch sehr zielgerichtet auf die Prüfung gelehrt worden. In den alten Sprachen etwa, in denen in diesen Klassen früher die freie Lektüre begann, musste jetzt vor allem die Grammatik geübt werden, da Mängel hierin in den Prüfungen viel eher auffielen. Den Schülern eine möglichst gute Vorbereitung auf die Prüfung zu geben, sei, so Paulsen, von den Lehrern nicht nur aus altruistischen Motiven verfolgt worden, sondern auch, da ihre Lehrleistungen indirekt in jeder Prüfung ihrer Schüler überprüft würden.[359]

---

[356] Paulsen, 1921, Bd. 2, S. 608.
[357] Vgl. Paulsen, 1921, Bd. 2, S. 609.
[358] Paulsen, 1921, Bd. 2, S. 611.
[359] Vgl. Paulsen, 1921, Bd. 2, S. 611 ff.

2.4.2.4 Kombinierte Anstalten – Altonaer und Frankfurter System

In den Lehrplänen von 1892 erfuhren auch Schulen „nach dem sogenannten Altonaer System"[360] erneute Anerkennung. Die Kombination eines Realgymnasiums und einer lateinlosen Realschule mit gemeinsamen Unterbau wurde unter der Bedingung zugelassen, „daß die Zahl der Wochenstunden der einzelnen Klassen die der Realschule bzw. des Realgymnasiums nicht übersteigt, und daß das Turnen die in den allgemeinen Lehrplänen vorgesehene Vermehrung der Stundenzahl erfährt".[361] Als die „natürliche Folge des Altonaer Systems" bezeichnete Wiese die Übertragung der Kombination von Realschule und Realgymnasium auf das Gymnasium. Der erste Versuch, einen gemeinsamen Unterbau für alle drei Schulgattungen zu errichten, wurde in Frankfurt a. M. „bald nach der Schulkonferenz und noch vor dem Inkrafttreten der Lehrpläne von 1892 gemacht".[362] Als „wohlwollende Neutralität" bezeichnete Paulsen die Haltung der Schulverwaltung zu den Reformschulen nach dem Frankfurter System, die in den neunziger Jahren mit „ihrer Billigung an mehreren Stellen durchgeführt und erprobt"[363] wurden.[364]

2.4.3 Die Gleichberechtigung der höheren Schulen

Zu Beginn des 20. Jahrhunderts „fiel endlich das Gymnasialmonopol und ... die beiden neunklassigen Realanstalten" erhielten „gleichberechtigt mit dem altsprachlichen Gymnasium den Zugang zur Universität".[365]

2.4.3.1 Der Fortgang des Schulstreits

Der Schulkrieg, den die Initiatoren der Dezemberkonferenz durch die Zusammenführung typischer Vertreter der entgegengesetzten Richtungen zu friedlichem Meinungsaustausch, um das von Goßlersche Wort noch einmal aufzunehmen, beenden wollten, setzte sich nicht nur fort, sondern verschärfte sich. Zu einer radikalen Lösung, die Streitigkeiten zu beenden, sei

---

[360] Wiese, 1902, Bd. IV, S. 26.
  Der Begriff „Altonaer System" hat sich für die Kombination des Realgymnasiums mit der lateinlosen Realschule auf einem gemeinsamen lateinlosen Unterbau durchgesetzt, da in Altona gegen Ende der siebziger Jahre zuerst der Versuch einer solchen Anstalt durchgeführt wurde.
[361] Wiese, 1902, Bd. IV, S. 26.
[362] Wiese, 1902, Bd. IV, S. 27.
[363] Paulsen, 1921, Bd. 2, S. 622.
[364] Zu den Lehrplänen der Anstalten vgl. Wiese, 1902, Bd. IV, S. 24 ff., 140 ff.; vgl. auch Schmid, 1901, Bd. 5, Abt. 1, S. 458 ff.
[365] Giese, 1961, S. 40.

es durch die Verwirklichung der Einheitsschule oder in Form einer Gleichberechtigung der vorhandenen Schulformen, konnte sich die Regierung nicht entschließen. Darüber hinaus war der Kaiser selbst von der Entwicklung des höheren Schulwesens nicht begeistert, da er die Forderungen, die er auf der Dezemberkonferenz gestellt hatte und die durch ihre Beschlüsse auf den Weg gebracht werden sollten, kaum erfüllt sah. Seine Wünsche, die nationalen und modernen Bildungselemente zu stärken, dem deutschen Unterricht und der deutschen Geschichte den Mittelpunkt der Schulbildung einzuräumen und das Englische zu stärken, wurden kaum gefördert. Einzig seine Forderung nach der Erweiterung der körperlichen Ausbildung wurde durchgesetzt.

In den neunziger Jahren nahmen die Bestrebungen, realistische und moderne Unterrichtsinhalte zu vertiefen und zu erweitern, zu. Die Vertreter der Mathematik, Physik, Chemie und der neueren Sprachen strebten danach, „den ideellen und erzieherischen Wert zu steigern, welcher aus ihren Gebieten zu gewinnen ist und sie in dieser Hinsicht den klassischen Studien nach Möglichkeit zur Seite zu stellen".[366] Angesichts der wachsenden Bedeutung der realistischen und modernen Bildungsinhalte erscheint es widersprüchlich, dass den Realgymnasien, die ja diese Bildungsinhalte vornehmlich vermittelten, ihre Bedeutung für die deutsche Bildung auf der Dezemberkonferenz abgesprochen wurde. So „mußten es die Vertreter der Realanstalten um so schmerzlicher empfinden, daß ihnen die Anerkennung dieser Tatsache versagt blieb und die Zulassung zur Universität ... im wesentlichen an das Reifezeugnis des humanistischen Gymnasiums geknüpft war".[367] Ermuntert durch die Vermehrung der Lateinstunden aufgrund der Verfügung von 1895 traten sie mit neuer Energie für mehr Berechtigungen der Realgymnasien ein. An ihre Seite stellten sich Vertreter der Oberrealschulen, die, ermutigt durch die überraschende Zulassung ihrer Abiturienten zu den Universitäten durch die 92er Lehrordnung, nun die gleichen Ansprüche wie die Realgymnasien geltend machten. Im Einklang mit den Vertretern des Realgymnasiums forderten sie eine Gleichberechtigung der drei neunklassigen Anstalten.[368] Während der oben erwähnte „Deutsche Einheitsschulverein" seine Ziele, nämlich die Modernisierung des humanistischen Gymnasiums und die Zurückdrängung des Realgymnasiums, durch die Dezemberkonferenz weitgehend erreicht sah und sich 1891, „als die Entscheidungen über das Neue schon feststanden"[369], auflöste, traten Friedrich Lange und sein Schulreformverein, deren Grundsätze gar nicht berück-

---

[366] Lehmann, 1921, S. 718.
[367] Lehmann, 1921, S. 722.
[368] Vgl. Rethwisch, 1904, S. 47.
[369] Rethwisch, 1904, S. 46.

sichtigt worden waren, erneut energisch für ihre Ziele ein. Und „die Bahn zu seinem Ziele war ihm doch freier gemacht, indem jede neue Realschule und jedes neue Reformgymnasium oder -Realgymnasium einen Gewinn für seine Hoffnungen bedeutete".[370] Von größerer praktischer Bedeutung war die wachsende Anhängerzahl der Reformschulen mit einem gemeinsamen lateinlosen Unterbau nach dem Vorbild der Altonaer oder Frankfurter Anstalt. Zwar gab es zunächst nur wenige solcher Neubegründungen und Umwandlungen[371], aber das Interesse an diesen Reformanstalten stieg sowohl in den Kommunen, als auch in Regierungskreisen. Auch diese Anstalten wurden von den Vertretern des alten Gymnasiums, insbesondere von dem von Uhlig 1890 zur Abwehr des „ungerechtfertigten pädagogischen Radikalismus"[372] gegründeten Gymnasialverein, heftig kritisiert. Sie bemängelten vor allem das Fehlen des altsprachlichen Unterrichts in der Unterstufe. Auch wenn der Wegfall in den unteren Klassen mit einem beträchtlichen Ersatz in der Oberstufe einhergehe, so ihre Bedenken, werde doch die Chance vertan, die Gedanken des klassischen Altertums möglichst früh und tief in das Gemüt der Kinder zu verwurzeln. Den Beginn des Sprachunterrichts mit dem Französischen bezeichneten sie als Übel, da dieser Sprache so eine Bedeutung zukäme, der sie nicht gewachsen sei.[373] Eine größere Gefahr drohte der humanistischen Schule durch das sogenannte „Englische Gymnasium". Gegen Ende des Jahrhunderts tauchte die Idee und der Name dieser Schule auf. Ihr Lehrplan sollte weitgehend dem der humanistischen Schule entsprechen, mit der Ausnahme, dass die Schüler die Wahl zwischen Englisch und Griechisch haben sollten. Die Ausdehnung der Wahlfreiheit, die für die Klassen bis zur Untersekunda schon längere Zeit bestand, auf den gesamten Schulkursus hätte die Möglichkeit eröffnet, „das humanistische und das Realgymnasium zu einer einheitlichen Schule zu verschmelzen".[374] Durch die Verwirklichung dieses Projekts wäre nicht nur eine einheitliche Gestaltung des höheren Unterrichts ohne die „Überhäufung und Zersplitterung" erreicht worden, sondern auch die englische Sprache hätte eine bevorzugte Stellung im Lehrplan erhalten, wie es viele und vor allem der Kaiser befürworteten. Die starke Gegenwehr der klassischen Philologen gegen diese Schulform wird verständlich, wenn man bedenkt, dass durch die Verwirklichung der „Englischen Einheitsschule" dem neuhumanistischen Gymnasium der

---

[370] Rethwisch, 1904, S. 47.
[371] „Im Jahre 1899 belief sich die Zahl der Reformanstalten in Deutschland auf 32, wovon 11 dem Altonaer, 21 dem Frankfurter System angehörten" (Rethwisch, 1904, S. 48).
[372] Uhlig, zitiert nach Herrlitz / Hopf / Titze, 1993, S. 73.
[373] Vgl. Lehmann, 1921, S. 723 f.
[374] Lehmann, 1921, S. 724.

le" dem neuhumanistischen Gymnasium der ideelle Mittelpunkt, den ja die griechische Sprache und Literatur bildete, entzogen und sein Wesen nachhaltig verändert worden wäre.[375]

Entscheidend für die weitere Entwicklung des höheren Schulwesens wurde die Berufung Friedrich Althoffs, Referent für die Universitäten, zum „Geheimen Oberregierungsrat und Ministerialdirektor der Ersten Unterrichtsabteilung"[376] im Jahr 1897. Als eine energische und dabei lebendig bewegliche, Neuem und großen Ideen aufgeschlossene Persönlichkeit charakterisiert ihn Lehmann. Mit Eifer für die neue Aufgabe und Offenheit für die verschiedensten Betrachtungsweisen nahm er seine Arbeit auf, ohne dass die Richtung seiner Reform schon festgestanden hätte. Nur in Bezug auf zwei Aspekte hatte er sich festgelegt. Erstens war er der Überzeugung, dass das Lateinische wieder entschieden verstärkt und im Zentrum des gymnasialen Lehrplans stehen müsse. Zweitens wollte er den Wünschen des Kaisers, die die 92er Lehrordnung nicht erfüllt hatte, gerecht werden. Anfang des Jahres 1900 berief Althoff Adolf Matthias, den damaligen Provinzialschulrat in Koblenz, ins Kultusministerium, der ihm sachkundig und hilfreich zur Seite stand.[377]

Schon vor 1900 wurde im Ministerium der Entschluss gefasst, eine zweite Schulkonferenz, die die Reform der Dezemberkonferenz weiterentwickeln sollte, einzuleiten. Für die bevorstehende Konferenz wurden 1900 verschiedene Hochschulprofessoren, Schulmänner und technische Räte des Kultusministeriums aufgefordert, Gutachten über wichtige Fragen des Hochschulwesens anzufertigen. Auch im Kultusministerium wurde über die Zukunft des höheren Schulwesens beraten. Interessanterweise favorisierte Althoff zunächst das Modell des „Englischen Gymnasiums", nachdem er eine entsprechende Reformanstalt besucht hatte. Die Bestrebungen des Ministeriums, auf diese Schule hinzuwirken, traten aber bald zugunsten der Bevorzugung des Entschlusses, die Berechtigungen der Realanstalten denen der Gymnasien anzupassen, zurück. Während der Beratungen des Ministeriums versuchten Vertreter verschiedener Interessenverbände auf

---

[375] Vgl. Lehmann, 1921, S. 724 f.
 Spranger meinte, dass die Herkunft des Gedankens, Englisch statt Griechisch an den Gymnasien zuzulassen, nur „Eingeweihte" kennten: „Unter der harmlosen Form verbirgt sich der Gedanke an Abschaffung des Gymnasiums überhaupt. Eine Bildung ohne Griechisch hat aufgehört, ‚gymnasial' zu sein. Niemand kann im Ernst das Griechische durch das Englische ‚ersetzen' wollen. Denn weder im Sinne des ästhetischen Humanismus noch im Sinne der historischen Bildung vermag es dasselbe zu leisten, was das Griechische der Idee des Gymnasiums nach leisten sollte" (s. Spranger, 1916, S. 8).
[376] Sachse, 1928, S. 52.
[377] Vgl. Lehmann, 1921, S. 733 f.

die Entschlüsse des Ministeriums einzuwirken. Besonders wichtig für die weitere Entwicklung war, dass der Gymnasialverein seine grundsätzliche Haltung änderte. Die Vertreter des Gymnasiums sahen ihre Anstalt zwei Gefahren ausgesetzt. Zum einen drohte ihr ein gemeinsamer lateinloser Unterbau nach dem Vorbild der Reformanstalten und zum anderen wurde an ihrem Berechtigungsmonopol gerüttelt. Der Gymnasialverein entschloss sich, „um das Wesen [des Gymnasiums] zu retten"[378], das Berechtigungsmonopol aufzugeben. Offiziell wurde diese Haltung durch die Annahme von zwei Thesen auf der Jahresversammlung des Gymnasialvereins am 5. Juni 1900. In der ersten These wandte sich der Gymnasialverein gegen den lateinlosen Unterbau und den Lehrplan des Reformgymnasiums mit dem Hinweis, dass die Eigenart des Gymnasiums in allen Stufen erhalten bleiben müsse. Mit der zweiten These wurde der Verzicht auf das Gymnasialprivileg, die alleinige zur Universität führende Anstalt zu sein, ausgesprochen. Es sollte kein Einspruch mehr vom Gymnasialverein kommen, falls der Oberrealschule und dem Realgymnasium das Recht, zu akademischen Studien zu entlassen, zugesprochen werden würde. Es scheint, so Lehmann, als hätte dieser Beschluss den letzten Ausschlag für die Haltung der Regierung auf der anschließenden Konferenz gegeben, die Gleichberechtigung zu fördern und den Ansatz der Reformanstalten zu vernachlässigen.[379]

2.4.3.2 Die Schulkonferenz von 1900

Im Gegensatz zur Dezemberkonferenz waren auf der sogenannten Junikonferenz vom 6. bis zum 8. Juni 1900 unter den 34 Teilnehmern nur sieben aus dem Schuldienst, davon drei Vertreter des alten Gymnasiums und vier aus dem Kreis der Real- und Reformanstalten. Die meisten Teilnehmer kamen aus Universitätskreisen und der polytechnischen Hochschule. Ferner nahmen noch Vertreter verschiedener anderer ministerieller Ressorts, der Großindustrie und des Großgrundbesitzes teil.[380]

In einer kurzen einleitenden Rede würdigte Kultusminister Studt die Bemühungen der letzten Konferenz und wies darauf hin, dass die Wünsche des Kaisers, insbesondere die Förderung der realistischen Bildung nur ansatzweise, verwirklicht worden seien.[381] Das Bedürfnis nach dieser Bildung sei „durch das Wachsen unserer internationalen Beziehungen und durch das weitere Aufblühen der deutschen Seemacht"[382] in den letzten

---

[378] Lehmann, 1921, S. 735.
[379] Vgl. Lehmann, 1921, S. 735 f.; vgl. auch Rethwisch, 1904, S. 49.
[380] Eine Teilnehmerliste der Konferenz ist abgedruckt in: Wiese, 1902, Bd. IV, S. 29 f.
[381] Auszüge der Rede des Kultusministers Dr. Studt sind abgedruckt in: Giese, 1961, S. 205 f.
[382] Studt, zitiert nach Giese, 1961, S. 205.

zehn Jahren noch dringlicher geworden. Er stellte zwei Alternativen zur Abhilfe in Aussicht. Entweder könnten die realistischen Fächer in den Gymnasien gestärkt werden, wodurch allerdings die Gefahr bestünde, „daß diese Anstalten alsdann ihren eigentlichen Aufgaben nicht mehr gewachsen" seien „und ihren humanistischen Charakter mehr und mehr einbüßen"[383] würden. Oder die realistischen Anstalten könnten als dem Gymnasium gleichwertig anerkannt und ihre Berechtigungen entsprechend umgestaltet werden. Zwar würden so die Gymnasien ihr Monopol verlieren und an Zahl abnehmen, jedoch „steht zu hoffen, daß sie dabei an innerer Kraft und Geschlossenheit in reichem Maße gewinnen, was sie an Umfang verlieren".[384]

Den im Vorfeld der Konferenz gemachten Äußerungen und ihrer Zusammensetzung entsprechend wurde der zweite Vorschlag des Ministers von den Teilnehmern angenommen. Ein Streitpunkt war allerdings die unterschiedliche Vorbildung, die die drei neunjährigen Anstalten vermittelten. Während die Vertreter der polytechnischen Hochschulen und des Realschulwesens die Ungleichheit der Vorbildung als Vorteil priesen und auf Statistiken verwiesen, die zeigten, dass alle drei Vorbildungswege zu ähnlichen Studienerfolgen führten, waren die Vertreter der Geisteswissenschaften und vor allem die der Altertumswissenschaft skeptisch. Man einigte sich darauf, dass zwar grundsätzlich die Reifezeugnisse aller drei neunklassigen Anstalten zum Studium sämtlicher Fächer berechtigten, aber auf Grund der verschiedenen Vorbildungen sollte „in Bezug auf jedes Studium die geeignetste Anstalt ausdrücklich"[385] bezeichnet werden. Hatte ein Student nicht die für sein gewähltes Studium geeignetste Schule besucht, so hatte „eine ausreichende Ergänzung durch Besuch von Vorkursen auf der Hochschule oder in sonst geeigneter Weise zu erfolgen".[386] Das Votum für die Gleichberechtigung bedeutete gleichzeitig eine Zurückweisung des Ansatzes des gemeinsamen Unterbaus der verschiedenen Anstalten nach dem Prinzip der Reformanstalten. Insbesondere dem entschiedenen Eintreten für die Reformanstalten des Generalinspektors des Militärbildungswesens, General der Infanterie von Funck, und des Kommandeurs des Kadettenkorps, Generalmajor von Seckendorf, war es zu verdanken, dass aus einer grundsätzlichen Ablehnung der Reformanstalten im Wortlaut der Regierungsvorlage eine prinzipielle Befürwortung dieser Anstalten wurde. In dem diesbezüglichen Beschluss der Konferenz hieß es schließlich, dass es derzeit nicht ratsam sei, einen gemeinsamen Unterbau für alle drei höhe-

---

[383] Studt, zitiert nach Giese, 1961, S. 206.
[384] Studt, zitiert nach Giese, 1961, S. 206.
[385] Die Ergebnisse der Schulkonferenz. In: Giese, 1961, S. 213.
[386] Die Ergebnisse der Schulkonferenz. In: Giese, 1961, S. 213.

ren Schulen zu verwirklichen, dass aber eine „Weiterführung des ... in Altona, Frankfurt a. M. und an anderen Orten gemachten Versuches nicht entgegenzutreten und eine allmähliche Erweiterung desselben zu fördern"[387] sei. Die Beratung über den griechischen Unterricht wurde mit den Fragen der Regierung eingeleitet, ob es ratsam sei, den Anfangsunterricht im Griechischen auf eine spätere Klasse zu verlegen, und ob man die Wahl zwischen Griechisch und Englisch in Form des „Englischen Gymnasiums" zulassen solle. Beide Konzepte stießen auf starken Widerstand und wurden entschieden abgelehnt. Das „Englische Gymnasium" wurde in der Endabstimmung sogar einstimmig abgelehnt. Man „war sich offenbar darüber einig, daß eine solche Veränderung den Untergang des klassischen Gymnasiums bedeute".[388] Die weiteren Beschlüsse der Konferenz hatten nur eine Nebenrolle gespielt. Die Ausweitung der lateinischen Studien im Realgymnasium wurde ebenso abgelehnt wie die Einführung eines obligatorischen Englischunterrichts im humanistischen Gymnasium. „Die Eigenart der überlieferten Lehranstalten sollten [sic!] erhalten werden, und die Freiheit der Wahl erschien durch die Gleichberechtigung hinreichend gesichert".[389] Ferner wurden der Regierung einige Vorschläge unterbreitet, wie der Unterricht in den einzelnen Fächern, vor allem im Englischen und in der körperlichen Erziehung, gefördert werden könnte. Einstimmig wurde für den Wegfall der 1892 eingeführten Abschlussprüfung nach der Untersekunda gestimmt. Schließlich wurden noch die Wünsche geäußert, den wissenschaftlichen und materiellen Bereich des Oberlehrerstandes zu fördern und den äußeren Schulbetrieb zu heben.

Insgesamt betrachtet entsprachen die Ergebnisse der Konferenz in den meisten Punkten den Erwartungen der Regierung. Es sei zum großen Teil Althoffs Geschicklichkeit zu verdanken, so Lehmann, dass die Beschlussfassung der Konferenz einheitlicher und ihre Richtung entschiedener auf den Fortschritt gerichtet gewesen wäre, als auf der Konferenz von 1890. Darüber hinaus war die Haltung der obersten Schulbehörde dadurch, dass die Initiative zur Reform von ihr und nicht, wie zehn Jahre zuvor von der Regierung, ausging, von Anfang an eine andere. Auch die Zusammensetzung der Konferenz von 1900 war geeigneter, zugleich die Kontinuität im Schulwesen zu wahren und den Fortschritt sicherzustellen.[390]

---

[387] Die Ergebnisse der Schulkonferenz. In: Giese, 1961, S. 214.
[388] Lehmann, 1921, S. 742.
[389] Lehmann, 1921, S. 744.
[390] Lehmann, 1921, S. 745.

2.4.3.3 Der kaiserliche Erlass von 1900 – Die Gleichberechtigung

Am 26. November 1900 erließ der Kaiser einen „Allerhöchsten Erlaß"[391], in dem er anlehnend an die Vorschläge der Konferenz die Grundzüge der Neuordnung des höheren Schulwesens bestimmte. Der Erlass legte nicht nur die Organisation des Schulwesens fest, sondern gab auch leitende Gesichtspunkte für den Unterricht in den einzelnen Fächern vor. In diesem Erlass wurde die Gleichwertigkeit der drei höheren Schulen prinzipiell anerkannt und eine entsprechende Änderung im Berechtigungswesen gefordert. Das „Gymnasium, das Realgymnasium und die Oberrealschule" seien „in der Erziehung zur allgemeinen Geistesbildung als gleichwertig anzusehen"[392], für manche Studien und Berufe bleibe aber eine Ergänzung der Vorkenntnisse notwendig, die nicht im gleichen Umfang zu den Aufgaben jeder Anstalt gehören würden. Im Sinne der Konferenzbeschlüsse wurde an dieser Stelle darauf hingewiesen, dass die Gleichberechtigung die Möglichkeit biete, die Eigenarten der verschiedenen Schulen „kräftiger zu betonen".[393] Weniger im Sinne der Konferenzbeschlüsse waren die kaiserlichen Forderungen, die realistischen Anstalten zu vermehren und die Versuche der Reformanstalten mit einem gemeinsamen Unterbau auszudehnen. Auch die geforderte Verstärkung des Englischunterrichts ging weit über die Vorschläge der Konferenz hinaus. In den griechischen Unterricht sollten neben die ästhetischen Aspekte nun auch historische Aspekte einfließen. Hierauf folgten einige Empfehlungen, wie die übrigen Fächer im modernen nationalen und fortschrittlichen Sinne zu beleben seien. Schließlich wurde noch die Beseitigung der Abschlussprüfung nach der Untersekunda gefordert, da sie „den bei ihrer Einführung gehegten Erwartungen nicht entsprochen und namentlich dem übermäßigen Andrange zum Universitätsstudium eher Vorschub geleistet, als Einhalt"[394] geboten hätte.

Nach Erscheinen des Erlasses gingen die einzelnen Behörden daran, die Forderungen durchzusetzen. Noch im Dezember 1900 wurde die Abschlussprüfung nach der Untersekunda abgeschafft. Am 20. Mai des darauffolgenden Jahres ordnete der Kultusminister die Zulassung der Abiturienten aller neunklassigen Anstalten zum Studium für das höhere Lehramt an. 1902 folgte die Zulassung zum Rechtsstudium, allerdings nicht ohne den Verweis darauf, dass das humanistische Gymnasium die geeignetste Vorbildung für den juristischen Beruf vermittle. Die Gleichberechtigung für die Zulassung zum Medizinstudium wurde zunächst auf Grund des Widerstandes der Ärztevereine nur für die Realgymnasien durchgesetzt.

---

[391] Abgedruckt in: Beier, 1909, S. 69 ff.
[392] Allerhöchster Erlaß vom 26. November 1900. In: Beier, 1909, S. 69 f.
[393] Allerhöchster Erlaß vom 26. November 1900. In: Beier, 1909, S. 70.
[394] Allerhöchster Erlaß vom 26. November 1900. In: Beier, 1909, S. 71.

Die Absolventen der Oberrealschule mussten für die Zulassung eine Ergänzungsprüfung im Lateinischen ablegen. – Erst am 31. Januar 1907 wurde durch Bundesratsbeschluss das Reifezeugnis der Oberrealschule den der beiden anderen höheren Schulen gleichgestellt. Nur das theologische Studium blieb den Realanstalten versagt, da die kirchlichen Behörden auf die humanistische Vorbildung bestanden. Dem Beschluss der Konferenz und dem Wunsch des Kaisers entsprechend wurden für die Ergänzung der sprachlichen Vorkenntnisse Vorkurse in den beiden alten Sprachen an den Universitäten eingerichtet. Dadurch sollte die Grundlage sowohl für die neuphilologischen und geschichtlichen Studien als auch für das Verständnis der römischen Rechtsquellen vermittelt werden. Der Nachweis der elementarsten und notwendigsten Kenntnisse musste in der Staatsprüfung erbracht werden.[395]

2.4.3.4 Die Lehrpläne von 1901

Am 3. April 1901 wurden die neuen „Lehrpläne und Lehraufgaben für die höheren Schulen in Preußen"[396] durch eine Verfügung des Kultusministers eingeführt und traten ab dem folgenden Sommersemester in Kraft. Form und Inhalt der neuen Lehrpläne orientierten sich sehr eng an den Lehrplänen von 1892 und brachten nur geringe Veränderungen. Die einzige größere Veränderung in der Zeitverteilung war, dass sowohl auf dem humanistischen als auch auf dem Realgymnasium der Lateinunterricht um sechs Wochenstunden erweitert wurde. Während aber auf dem humanistischen Gymnasium noch eine Wochenstunde Französisch hinzukam und somit insgesamt sieben Wochenstunden mehr Unterricht erteilt werden sollte, entfielen auf dem Realgymnasium zwei Wochenstunden Französisch und eine Wochenstunde Naturwissenschaften, so dass die Gesamtzunahme nur drei Wochenstunden betrug. Der Kursus der Oberrealschule wurde in Erdkunde um vier Wochenstunden erhöht. Somit ergab sich eine Gesamtstundenzahl für die Realanstalten von je 262 Stunden und für das humanistische Gymnasium von 259 Stunden ohne Turnen, Singen und die wahlfreien Fächer.

Die besondere Bedeutung der Gesinnungsfächer Religion, Deutsch und Geschichte wurde, wie schon in den 92er Lehrplänen, hervorgehoben. „Der Unterricht im Deutschen ist neben dem Unterricht in der Religion und in der Geschichte der erziehlich bedeutsamste".[397] Diese Fächer sollten das

---
[395] Vgl. Lehmann, 1921, S. 747 f.
[396] Abgedruckt in: Beier, 1909, S. 71 ff.
[397] Lehrpläne und Lehraufgaben für die höheren Schulen in Preußen vom 29. Mai 1901. In: Beier, 1909, S. 85.

verbindende Element der verschiedenen Anstalten bilden, was äußerlich dadurch betont wurde, dass die Lehrziele und Methoden dieser Fächer in den verschiedenen Anstalten gleich waren. Die neuen Lehrpläne übernahmen im Wesentlichen die Ziele und Methoden dieser Fächer und sahen auch in den übrigen Fächern nur wenige größere Abweichungen im Vergleich zu den alten Lehrzielen vor. Eine große Anzahl von sachlichen Verbesserungen wurde in den methodischen Anweisungen gegeben, die allerdings auch keinen umfassenden und prinzipiellen Charakter hatten. Im Lateinischen wurde das Ideal der formalen Bildung, dessen Lehrziel das grammatische Verständnis und das rhetorische Können war, offiziell aufgegeben. Grammatik sollte nur noch dem Verständnis der Schriftsteller dienen, und als Lehrziel des gesamten Lateinunterrichts wurde die „Einführung in das Geistes- und Kulturleben des Altertums"[398] festgelegt. Die Änderungen im Griechischunterricht beschränkten sich auf eine Kürzung derjenigen grammatischen Inhalte, die im Lateinischen schon behandelt wurden, und einer Entlastung des Unterrichts von belanglosen Einzelheiten und unnützen Formalien.[399] Auch in den neuen Sprachen wurden die leitenden Gesichtspunkte des alten Lehrplans im Wesentlichen übernommen und nur an einigen Stellen genauer formuliert. Der Grundsatz, dass das Französische auf den lateinlosen Anstalten bezüglich der grammatischen Schulung die gleiche Aufgabe wie das Lateinische an den lateinlehrenden Schulen hat, wurde aus den alten Lehrplänen übernommen. Wichtige Aspekte aus der Literatur und Kultur des französischen Volkes wurden dem bisher geforderten Verständnis der wichtigeren einzelnen Schriftwerke an die Seite gestellt. Außerdem sollte in beiden Sprachen den mündlichen Leistungen mehr Gewicht als den schriftlichen zuerkannt werden.[400]

Auf dem ersten Blick, so Lehmann, würden die Änderungen in den Lehrplänen nur als viele kleine Verbesserungen erscheinen, doch bei genauerer Betrachtung erkenne man gewisse allgemeine Züge, die dem Werk einen über die Einzelheiten hinaus merklich veränderten Charakter verleihen würden. So trete in einer Anzahl von Einzelheiten deutlich das Bestreben hervor, „Uniformierung und einengenden Zwang zu vermeiden und den einzelnen Schulen eine gewisse Bewegungsfreiheit zu geben, die ihnen früher im gleichen Maße nicht gewährt worden war".[401] Die Erweiterung des Spielraums wird in verschiedenen Bereichen deutlich. Den Direktoren der Gymnasien wurde gestattet, nach Einholung der Zustimmung der Auf-

---

[398] Lehrpläne und Lehraufgaben für die höheren Schulen in Preußen vom 29. Mai 1901. In: Beier, 1909, S. 88.
[399] Vgl. Beier, 1909, S. 96.
[400] Vgl. Beier, 1909, S. 97 f.
[401] Lehmann, 1921, S. 754.

sichtsbehörde, in den drei oberen Klassen eine Stunde Latein gegen eine Stunde Griechisch zu tauschen. Parallel dazu stand es den Direktoren der Realgymnasien frei eine Stunde Englisch gegen eine Stunde Französisch zu tauschen. Darüber hinaus durfte an den humanistischen Gymnasien in der Oberstufe Englisch statt Französisch angeboten werden, so dass dann Französisch statt Englisch wahlfrei wurde. Die Lehrpläne der einzelnen Fächer ließen ebenfalls mehr Bewegungsfreiheit und Ausgestaltungsmöglichkeiten zu. „Auch sonst tritt der Ton der fordernden Vorschrift, selbst in wichtigen Dingen, nicht selten zurück hinter dem des empfehlenden Ratschlages".[402]

Die Schulverwaltung setzte in den folgenden Jahren die Politik der Spielraumerweiterung fort. Immer wieder wies sie die Provinzialschulkollegien und die Direktoren an, selbständige Entscheidungen zu treffen. Auch die folgenden Verfügungen, die dem Ausbau der Neuordnung dienten, waren durch diesen freiheitlichen Zug geprägt. So die am 27. Dezember 1901 verfügte und 1903 in Kraft getretene Neugestaltung der Reifeprüfung. Durch sie wurden die Befugnisse des Königlichen Kommissars bedeutend erweitert. Er durfte fortan die mündliche Prüfung des einzelnen Schülers beliebig gestalten. So konnte er dem Prüfling vorgeschriebene Fächer erlassen und andere nicht verbindliche in die Prüfung aufnehmen. Außerdem wurde die Möglichkeit, den Schüler von der mündlichen Prüfung zu befreien, erleichtert und eine Vielzahl von Kompensationsmöglichkeiten zugelassen. In die gleiche Richtung ging der Ministerialerlass über die Bestimmungen der Versetzung der Schüler vom 25. Dezember 1901. Mit diesem Erlass wurde den Lehrern die Möglichkeit gegeben, Schüler trotz ungenügender Leistungen in einem oder mehreren Fächern zu versetzen, wenn sie der Auffassung waren, dass der Gesamteindruck des Schülers dieses rechtfertige.[403]

Insgesamt betrachtet stellte die Schulreform von 1901 einen beachtlichen Fortschritt zunächst für das preußische und schließlich für das gesamte deutsche Schulwesen dar. Sie war der erste große Schritt einer Politik der Schulverwaltung, die Entwicklung des höheren Schulwesens allmählich, ohne plötzliche radikale Veränderungen, in Richtung auf mehr Freiheit und Einheitlichkeit zu lenken. So sollte die Schulreform im Gegensatz zu den früheren Neuordnungen keinen Abschluss bilden, „sondern vielmehr als Grundlage und Ausgangspunkt für die weitere fortschrittliche Entwicklung"[404] angesehen werden. Eine amtliche Lenkung oder eine Beschleunigung der Entwicklung durch behördlichen Zwang lag der Unterrichtsbehörde fern. Die weitere Entwicklung „sollte sich vielmehr aus der inneren

---

[402] Lehmann, 1921, S. 755.
[403] Vgl. Lehmann, 1921, S. 755 ff.
[404] Lehmann, 1921, S. 759.

Vernunft der Dinge und der Einsicht der Schulmänner selber vollziehen".[405]

---

[405] Lehmann, 1921, S. 759.

3. Der späte Anschluss der höheren Mädchenbildung an das gymnasial-akademische Berechtigungswesen

Vor dem Hintergrund der Entwicklung des höheren Schulwesens für Knaben im 19. Jahrhundert und in einer „deutlichen zeitlichen Verzögerung", so Matthes, „ist die Konstituierung des öffentlichen ‚höheren Mädchenschulwesens' im letzten Drittel des 19. Jahrhunderts zu sehen, das allerdings erst durch Verordnungen zu Beginn des 20. Jahrhunderts zu einem wirklich höheren Bildungssystem im Sinne des gymnasialen Berechtigungssystems wurde. Vor diesem Zeitpunkt bezog sich die Bezeichnung ‚höheres' Mädchenschulwesen vorrangig auf die Standeszugehörigkeit der Schülerinnen ... und drückte die Abgrenzung gegenüber dem Volksschulwesen aus".[406]

3.1 Allgemeine Entwicklung des höheren Mädchenschulwesens zu Beginn der Industrialisierung

Im Zuge der allgemeinen wirtschaftlichen und sozialen Entwicklung der Industrialisierung änderte sich auch die Rolle der Frau. Waren die noch unverheirateten Töchter der bürgerlichen Familien früher oftmals Mitarbeiterinnen in der Produktionsstätte des elterlichen Hauses oder willkommene Gehilfen im Haus der verheirateten Schwester oder des Bruders, so wurden sie nun im elterlichen Haus entbehrlich und aufgrund des enger und teurer werdenden Wohnraums sogar lästige Mitbewohner. So wurde auch die Tochter bürgerlicher Eltern „aus dem schützenden Winkel des Hauses hinausgedrängt" und strebte nach „rechtlichen Sicherungen für sich und die weiblichen Interessen".[407]

Die Entwicklung brachte es mit sich, dass für eine Betätigung der Mädchen außer Haus Berufe geschaffen werden mussten. Die erforderlichen Kenntnisse konnten allerdings weder wie früher üblich im elterlichen Haus vermittelt werden, noch wollten die Bürger, „die etwas auf sich hielten", ihre Töchter in die Volksschule, in der sie mit den Kindern aus anderen Ständen zusammen unterrichtet worden wären, schicken. „So entstehen seit dem Anfang des 19. Jahrhunderts an vielen Orten teils städtische, doch noch viel mehr private höhere Mädchenschulen, die über das Bildungsziel der Volksschule hinausgehen".[408] Da ihnen die Erfahrung des Schulbetriebes fehlte, hatten sie nahezu alle einen experimentellen Charakter und wurden

---
[406] Matthes, 1997, S. 203 f.
[407] Voss, 1952, S. 63.
[408] Giese, 1961, S. 42.

vielfach von den Eltern der Schüler beeinflusst. Dieser Zustand hielt fast unverändert bis zum Ende des Jahrhunderts an, so dass das Erscheinungsbild dieser Schulen, deren Anzahl rasant zunahm, äußerst heterogen war. Es waren meistens Privatunternehmen unter den unterschiedlichsten Patronaten, wie zum Beispiel des Staates, der Stadt, des Presbyteriums einer Gemeinde, eines Kuratoriums aus interessierten Familienvätern oder eines Geistlichen. Als Führer gab es Philologen und Theologen ebenso wie weltliche Damen oder Klosterfrauen, die von männlichen und weiblichen Lehrkräften unterstützt wurden. Ein hohes Schulgeld sorgte „– vermutlich sehr viel schärfer als bei den höheren Knabenschulen, die sich ja nicht ausschließlich privat finanzieren mußten! – für eine scharfe soziale Exklusivität dieser Anstalten".[409] Einige Schulen lehnten sich an das Konzept einer Realschule oder eines Gymnasiums an, andere glichen eher einer um einigen fremdsprachlichen Unterricht erweiterten Elementarschule. Wieder andere wollten nur allgemeine Bildung vermitteln oder ihre Schülerinnen auf bestimmte Gesellschaftskreise vorbereiten. Insgesamt war die „ ‚höhere Mädchenschule' ... von Anfang an vor die Schwierigkeit gestellt, in ihrem Lehrplan drei unterschiedliche Aufgaben zugleich erfüllen zu wollen, nämlich a) die des Pflichtpensums des öffentlichen Elementarunterrichts (Religion, Lesen, Schreiben, Rechnen), b) die einer Hausfrauenschule (‚weibliche Arbeiten', ‚Diätetik'), c) die einer sprachlich-literarischen Kultivierung, die soziale Distanz ‚nach unten' schafft, mithin das ‚Höhere' dieser Bildung ausmacht und zugleich den geselligen Verpflichtungen des späteren Ehelebens entspricht (Deutsche Sprache und Literatur, Französisch)".[410] Erhebliche Unterschiede bestanden auch in der Klasseneinteilung. Es gab sowohl Schulen, die nur wenige Klassen nach dem Elementarunterricht anboten, als auch solche, die eigene Elementarklassen in einen neun- oder zehnjährigen Kursus integrierten. Den Unterrichtsanstalten war „fast immer ein Pensionat angeschlossen, das insbesondere den ‚höheren Töchtern' von Lande"[411] offen stand. Die Qualität der Schulen war entsprechend unterschiedlich. So gab es einerseits viele Schulen, die nicht über das rein Elementare hinausgingen, allerdings unter allen Umständen eine Fremdsprache, zumeist Französisch, anboten. Andererseits gab es aber auch Schulen, namentlich solche, deren Leitung nicht auf das Schulgeld aus war,

---

Im Gegensatz zu Giese und Voss, die den Beginn dieser Entwicklung auf den Anfang des 19. Jahrhunderts datieren, meinen Herrlitz, Hopf und Titze dass die Entwicklung schon Mitte des 18. Jahrhunderts einsetzte (s. Herrlitz / Hopf / Titze, 1993, S. 91).

[409] Herrlitz / Hopf / Titze, 1993, S. 91.
[410] Herrlitz / Hopf / Titze, 1993, S. 91.
[411] Herrlitz / Hopf / Titze, 1993, S. 91.

die den Mädchen ein reicheres Wissen und eine gute Erziehung gaben. Dies waren vor allem Schulen, die von Kuratoriumsanstalten oder von Instituten, wie einer geistlichen Gesellschaft, etwa einer Kirchengemeinde unterhalten wurden.[412] Als „besonderes Sorgenkind" der Schulen bezeichnete Voss die Lehrkräfteausbildung. „Die Lehrerinnenbildung hinsichtlich der Töchterschulen lag gänzlich ungeregelt fast ausschließlich in privaten Händen und fand durchweg im Anschluß an eine Mädchenschule statt".[413] Männliche Bewerber für diese Schulen „drängten sich nicht heran der unsicheren Lage wegen, in der sich die Schulen befanden".[414]

Sehr zurückhaltend begannen auch die Städte, denen gesetzlich die Sorge um die Mädchenschulen anvertraut war, höhere Mädchenschulen zu errichten. Die Aufsicht über die städtischen und privaten Lehranstalten übte der Staat – die Schulen unterstanden zumeist der Schulinspektion, die ihrerseits der Regierung verantwortlich war – nur sehr flüchtig aus.[415] Am 10. Juni 1834 wurden die völlig ungeregelten Verhältnisse der Privatschule durch eine Verfügung ansatzweise in geordnetere Bahnen gelenkt, indem die Erlaubnis zur Gründung einer Privatschule von einer Prüfung abhängig gemacht wurde.[416] In dieser Prüfung sollte der Unternehmer seine moralische und in etwa auch wissenschaftliche Befähigung nachweisen. In den im Jahre 1840 erlassenen Ausführungsbestimmungen wurde festgelegt, dass Privatschulen nur noch dort gegründet werden durften, „wo sie einem wirklichen Bedürfnisse entsprechen, also nur an solchen Orten ..., wo für den Unterricht der schulpflichtigen Jugend durch die öffentlichen Schulen nicht ausreichend gesorgt ist".[417] Außerdem wurde verfügt, dass Lehrkräfte den Nachweis der wissenschaftlichen Befähigung erbringen und Hilfslehrer beziehungsweise -lehrerinnen bei ihrer Einstellung und Entlassung der Behörde gemeldet werden mussten. Darüber hinaus beschränkte sich der Staat vorerst auf die Beobachtung der weiteren Entwicklung.

---

[412] Vgl. Herrlitz / Hopf / Titze, 1993, S. 90 ff.
Weitere Ausformungen der Privatschulen beschreibt Ekelenz – der Direktor der ersten Kölner städtischen höheren Mädchenschule – in einem Jahresbericht seiner Schule aus dem Ende der siebziger Jahre. Vgl. Voss, 1952, S. 65.
[413] Voss, 1952, S. 69.
[414] Voss, 1952, S. 69.
[415] Nur von einer einzigen Mädchenschule ist bekannt, dass der Staat sie „um 1810 in seine Obhut übernahm, die Kgl. Neue Töchterschule in der Friedrichstadt zu Berlin, der im Jahre 1863 der Name Augusta-Schule verliehen wurde" (s. Voss, 1952, S. 67).
[416] Vgl. Bäumer, 1904, S. 276 f.
Die Verfügung ist abgedruckt in: Rönne, 1855, Bd. 1, S. 288.
[417] Instruktion zur Ausführung der Verfügung vom 10. Juni 1834. In: Rönne, 1855, Bd. 1, S. 289.

Im Laufe der Zeit, so Voss, habe sich aus den vielseitigen Versuchen der Privatschule doch ein „irgendwie gleichgeartetes", mehr oder minder lokalgefärbtes, Allgemeinbild der höheren Mädchenschule entwickelt. Dieses Allgemeinbild könne man umschreiben, „als das des Abschließens und Fertigmachens auf allen möglichen Gebieten, verbunden mit einer Überhäufung gefühlsmäßiger Einwirkung".[418]

3.2 Bestrebungen der aufkommenden Frauenbewegung

Um die Mitte des 19. Jahrhunderts nahm in der beginnenden Frauenbewegung die Einsicht zu, dass eine Besserung der Lage für das weibliche Geschlecht nur von der Erziehungs- und Bildungsseite her erreicht werden könne. Es war offensichtlich, dass die Bildung, die das Elternhaus und die damaligen Privatschulen vermittelten, den zunehmenden Bildungsbedürfnissen nicht mehr genügten. Ebenso „fühlten die Frauen"[419], dass dem immer stärker werdenden Druck der veränderten Soziallage nur eine bessere Bildung gewachsen sein könnte. So legte die Frauenbewegung besonderen Wert auf die Verbesserung der weiblichen Bildung und auf berufliche Beschäftigungsmöglichkeiten. Besonders deutlich wurde diese Strebung in dem 1865 von Louise Otto, Auguste Schmidt und Henriette Goldschmidt gegründetem Allgemeinen Deutschen Frauenvereinen, der ersten feministischen Organisation, und dem 1866 von dem Philanthropisten August Lette gegründeten Lette-Verein.[420] Der Allgemeine Deutsche Frauenverein setzte sich „durchaus nachdrücklich ‚für die erhöhte Bildung des weiblichen Geschlechts' ein, lehnte aber jede ‚Frauenemanzipation' als ein gefährliches Schlagwort ab und hielt daran fest, daß das ‚Ewig-Weibliche' für das Berufsleben der Frau bestimmend sein müsse".[421] Auch der Lette-Verein hatte weniger die geistige Emanzipation der Frau im Blick, sondern gab als Ziel vielmehr, neben der Vorbereitung der Frau auf „ihre ursprünglichste und wichtigste Aufgabe"[422] die Qualifikation für den Beruf an.

Ein anderer Ansatz dagegen wurde in dem auf Anregung der Frauenbewegung 1868 in Berlin gegründeten Viktoria-Lyzeum verfolgt. Die nach ihrer Protektorin, der Kronprinzessin, benannte Bildungsanstalt schloss an die höhere Töchterschule an und zielte nur auf eine höhere geistige Bildung ohne Berücksichtigung praktischer Zwecke und Berufsfragen.

Zunehmend begannen auch die höheren Mädchenschulen für ihre „echte Entwicklung" einzutreten und wurden dabei seit dem Beginn der 50er Jahre

---

[418] Voss, 1952, S. 67; vgl. auch Schmid, 1901, Bd. 5, Abt. 2, S. 266 ff.
[419] Voss, 1952, S. 68.
[420] Vgl. Allen, 1996, S. 32.
[421] Herrlitz / Hopf / Titze, 1993, S. 94.
[422] Voss, 1952, S. 69.

von verschiedenen Zeitschriften unterstützt.[423] In der zweiten Hälfte des Jahrhunderts kristallisierte sich, zumindest in den größeren und vor allem in den städtischen Schulen, eine gewisse einheitliche Form der Mädchenschule heraus, und ab 1870 wurden Stimmen lauter, die auf eine einheitliche Norm für alle Mädchenschulen, auf eine angemessene Eingliederung in den gesamten Schulorganismus und auf bessere Lehrkräfte drängten.

Die – vorwiegend männlichen – Lehrkräfte an den öffentlichen höheren Mädchenschulen hatten, um ihr Ansehen aufzuwerten, das vorrangige Interesse, das höhere Mädchenschulwesen zu vereinheitlichen und es mit dem höheren Knabenschulwesen gleichzustellen, allerdings unter Beibehaltung der Andersartigkeit der Mädchenbildung.[424] Im Jahre 1872 bildete sich der deutsche Verein der Dirigenten und Lehrenden der höheren Töchterschulen. Dieser formulierte auf seiner Generalversammlung im gleichen Jahr in Weimar die Zielsetzung der höheren Mädchenbildung darin, „dem Weib eine der Geistesbildung des Mannes in der Allgemeinheit der Art und Interessen ebenbürtige Bildung zu ermöglichen, damit der deutsche Mann nicht durch die geistige Kurzsichtigkeit und Engherzigkeit seiner Frau an dem häuslichen Herde gelangweilt und in seiner Hingabe an höhere Interessen gelähmt werde, daß ihm vielmehr das Weib mit Verständnis dieser Interessen und der Wärme des Gefühls für dieselben zur Seite stehe".[425] Als weitere Ziele beschlossen sie die Einführung qualifizierter Lehrerkollegien mit Akademikern und Seminarikern beider Geschlechter sowie die Errichtung von Ausbildungsanstalten durch den Staat für die sachgemäße Ausbildung der Frauen. Im gleichen Jahr fand eine Hauptversammlung des Allgemeinen Deutschen Frauenvereins in Eisenach statt, auf der vor allem die wissenschaftliche Bildung für die Mädchen verlangt wurde.[426]

3.3 Die Berliner Konferenz über das Mädchenschulwesen von 1873

Nicht nur als Folge der Weimarer Konferenz und der Forderungen des Frauenvereins, so Voss, sondern auch als Zeichen für das zunehmende Interesse an der Mädchenschulfrage sei die vom preußischen Unterrichtsministerium einberufene Konferenz über das höhere Mädchenschulwesen, die Mädchenmittelschulen und die Lehrerinnenbildung am 18. August 1873 zu betrachten.[427] Zur Teilnahme waren einzelne Rektoren, Lehrer und Lehrerinnen von Seminaren und öffentlichen und privaten höheren Mädchenschulen berufen.

---

[423] Voss, 1952, S. 69.
[424] Vgl. Matthes, 1997, S. 204.
[425] Zitiert nach Matthes, 1997, S. 204.
[426] Vgl. Voss, 1952, S. 71 ff.
[427] Vgl. Voss, 1952, S 73.

Auf der Konferenz wurden grundsätzliche Beschlüsse über die Aufgabe der über die Volksschulen hinausführenden Schule, Organisationsfragen, Grundsätze für den Lehrplan, Lebensalter der Schülerinnen und Prüfung der Lehrerinnen gefasst, die sich „im großen und ganzen mit den Beschlüssen der Weimarer Versammlung"[428] deckten. Als Aufgabe dieser Schulen wurde neben einem hohen Maß an erzieherischem Wirken die Vermittlung einer allgemeinen Bildung, entsprechend der Bedürfnisse der höheren Gesellschaftskreise, bezeichnet. „Durch Unterricht und Einrichtungen der Schule ist das Mädchen in dem Sinne für das Haus zu erziehen, daß es in und mit diesem an den höchsten Gütern des Lebens Anteil nehmen und an der Lösung der Aufgaben der Nation mitarbeiten kann".[429] Neben der schon vorhandenen Fachbildung in Form der Lehrerinnenbildungsanstalten, die sich an die höheren Töchterschulen anschlossen, sollten weitere Möglichkeiten der Fachbildung für gewerbliche Vorbildung geschaffen werden. Als Voraussetzung hierfür sollten die höheren Töchterschulen in sich einen Abschluss haben. Die Konferenz sprach sich darüber hinaus für eine zehnklassige Schule mit getrennten, aufsteigenden Klassen aus: „Als Norm gilt, daß die Mädchen in mindestens sieben selbständigen, streng voneinander gesonderten, aufsteigenden Klassen, welche sich auf die drei Hauptstufen beziehen verteilen, unterrichtet werden".[430] Die Unterrichtsgegenstände sollten neben dem obligatorischen Turnen folgende sein: „Religion, deutsche Sprache (im Vordergrund des gesamten Unterrichts), französische Sprache, englische Sprache (obligatorisch, im Gegensatz zu damals noch vielfach vorhandener Übung), Geschichte, Geographie, Rechnen (Raumlehre), Naturbeschreibung, Naturlehre, Zeichnen, Schreiben, Gesang, weibliche Handarbeiten".[431] Als wünschenswert wurde die Einrichtung von Fortbildungskursen vorgeschlagen, in denen nicht nur der behandelte Stoff aufgearbeitet werden sollte, sondern auch Inhalte, die zu schwer für die selbständige Bearbeitung waren, vermittelt werden sollten. In Bezug auf die Lehrerinnenausbildung wurde betont, dass es die Pflicht des Staates sei, entsprechende Seminare anzubieten. Außerdem müsse anerkannt werden, dass an volleingerichteten Töchterschulen Einrichtungen zur Ausbildung von Lehrerinnen angeschlossen würden. Auch an ordnungsgemäßen Privatanstalten sollten entsprechende Prüfungen abgehalten werden dürfen. Schließlich wurde noch gefordert, dass der Staat wesentlich mehr entspre-

---

[428] Schmid, 1909, Bd. 5, Abt. 2, S. 274.
[429] Voss, 1952, S. 74.
[430] Beschlüsse der Berliner Konferenz vom 18. August 1973, zitiert nach Schmid, 1901, Bd. 5, Abt. 2, S. 275.
[431] Schmid, 1901, Bd. 5, Abt. 2, S. 275.

chende Seminare einrichten sollte, zumindest aber sollte jede Provinz ein Seminar besitzen."[432]

„Die Beschlüsse dieser Berliner Konferenz ... haben zwar keine Gesetzeskraft erlangt, sind aber, soweit sie den inneren Schulbetrieb angehen, stillschweigend zur Grundlage der ganzen weiteren Entwicklung der preußischen höheren Mädchenschule gemacht worden, freilich ohne daß der Staat irgendwie fördernd eingegriffen hätte".[433]

3.4 Der Schulkampf der bürgerlichen Frauenbewegung

Das auf die Konferenz folgende Jahrzehnt brachte keine Fortschritte in der Mädchenschulfrage. Der Staat verharrte in dieser Zeit in seiner Beobachterrolle und lehnte noch 1883 eine allgemeine Regelung der Aufsicht mit der Begründung ab, dass die gesamte Entwicklung noch zu sehr im Fluss sei. So erklärte Minister Goßler bei der Beratung des Kultusetats, er habe gegenüber der aufwärts und vorwärts strebenden Bewegung der Zeit und der Schule zurückhaltend gewirkt, da ein enzyklopädisches Wissens auf allen Gebieten für das jugendliche Mädchengemüt nicht vorteilhaft sei. Vielmehr komme es darauf an, dem Mädchen eine harmonische Durchbildung zu geben und ihm ein Bildungsfundament zu vermitteln, auf dem es aufbauen könne. Außerdem habe er hemmend gewirkt, da Bestrebungen zu beobachten seien, Mädchen mehr und mehr die Gymnasialbildung zu geben und sie zum Eintritt in ein weibliches Oberlehrertum zu befähigen.[434]

1886 kam die preußische Regierung dem „Wunsch nach einer gesetzlichen Regelung des gesamten höheren Mädchenschulwesens auf Grund eines für ganz Preußen geltenden Normallehrplans"[435] entgegen. Der aufgestellte Lehrplan entsprach allerdings, vor allem durch einen gewissen Mangel an Einheitlichkeit, nicht den geäußerten Wünschen und stieß im deutschen Verein für das höhere Mädchenschulwesen auf den heftigsten Widerspruch, so dass auch er keine Gültigkeit für das ganze Land erreichte, „sondern ... seitens der Regierung nur auf die Berliner Schulen, deren Vertreter zur Bearbeitung selbst mit herangezogen waren, beschränkt"[436] wurde.

Gegen Ende der achtziger Jahre nahm die Frauenbewegung den Kampf für ihre Sache in verschärfter Form wieder auf. 1887 legte ein „Kreis Berliner Frauen und Mütter" dem preußischen Kultusministerium und dem Abgeordnetenhaus eine Petition mit zwei konkreten Forderungen vor: „1. daß dem weiblichen Element eine größere Beteiligung an dem wissen-

---

[432] Vgl. Voss, 1952, S. 74.
[433] Schmid, 1901, Bd. 5, Abt. 2, S. 277.
[434] Vgl. Voss, 1952, S. 75.
[435] Bäumer, 1904, S. 291.
[436] Bäumer, 1904, S. 291.

schaftlichen Unterricht auf Mittel- und Oberstufe der öffentlichen höheren Mädchenschulen gegeben und namentlich Religion und Deutsch in Frauenhand gelegt werden. 2. daß von Staatswegen Anstalten zur Ausbildung wissenschaftlicher Lehrerinnen für die Oberklassen der höheren Mädchenschulen mögen errichtet werden".[437] Besondere Aufmerksamkeit erregte eine der Petition beigefügte Denkschrift über „Die höhere Mädchenschule und ihre Bestimmung" von Helene Lange, in der sie die ganze Problemlage der Mädchenbildung darlegte. In dieser Schrift, die als „Gelbe Broschüre" bekannt wurde, hieß es, dass die Mädchenerziehung darauf abziele, den Mädchen auf allen Gebieten ein abgeschlossenes Wissen zu vermitteln, was dazu führe, dass in allen Bereichen nur eine Übersicht gegeben werden könne, ohne dass die eigene Denkkraft der Mädchen gefordert werde. Schuld für diese Fehlentwicklung, so Lange, habe letztendlich die Weimarer Konferenz, deren Schlüsselthese, „die Frau soll gebildet werden, damit der deutsche Mann nicht gelangweilt werde"[438], sie entschieden zurückwies. Eine Änderung der misslichen Lage sei nur möglich, wenn das Prinzip der Kraftentwicklung in den Vordergrund des Unterrichts trete und die Methode des Abschließens und Fertigmachens eines Lehrstoffs aus den Schulen abgeschafft werde. Hier klingt das humanistische Bildungsideal an. die Frau müsse um ihrer selbst willen, ohne Rücksicht auf Berufsfragen, gefördert und zu einer selbständig denkenden und handelnden Persönlichkeit erzogen werden. Nur so könne sie die ihr gesetzte Kulturaufgabe der Erziehung erfüllen. Weiter schrieb sie, dass Erziehung nicht allein durch Männer bewerkstelligt werden könne. Vielmehr bedürfe es aus vielen Gründen des erzieherischen Fraueneinflusses. Aus diesem Grund verlangte sie, dass Frauen die wichtigsten Stellen und die Leitung der Mädchenbildung einnehmen müssten. Dementsprechend müssten die Lehrerinnen vorgebildet werden und ein eigener Stand der Oberlehrerinnen geschaffen werden.[439]

Der Petition war politisch gesehen zunächst kein Erfolg beschieden, und sie wurde im preußischen Abgeordnetenhaus nicht einmal behandelt. Für die weitere Entwicklung der bürgerlichen Frauenbewegung in Deutschland stellte sie jedoch einen entscheidenden Wendepunkt dar. „Als Frauen wie z. B. Helene Lange klar wurde, daß ‚Vater Staat' kein Interesse an der Mädchenbildung hatte, griffen sie zur Selbsthilfe".[440] So errichtete Helene Lange 1889 in Berlin Realkurse, die auf die höhere Mädchenschule aufbauten und als Abschluss an Stelle des noch nicht genehmigten deutschen Abiturs

---

[437] Lange, zitiert nach Kleinau, 1996, S. 115.
[438] Lange, zitiert nach Matthes, 1997, S. 205.
[439] Vgl. Voss, 1952, S. 75 f.
[440] Kleinau, 1996, S. 115.

das Schweizer Abitur anstrebten. Nachdem im Jahr 1892 eine Petition um Zulassung der Mädchen zum Abitur nicht wie die vorangegangenen Petitionen vom preußischen Landtag abgelehnt, sondern der Regierung zur Prüfung übergeben worden war, verwandelte Lange ihre Kurse in humanistische Gymnasialkurse als Vorbereitung auf das deutsche Abitur. Eingangsvoraussetzung war der Abschluss einer höheren Mädchenschule. Im gleichen Jahr entstanden solche Kurse in Karlsruhe, kurz darauf in Leipzig und Stuttgart.[441] Das oben erwähnte Viktoria-Lyzeum wandelte ihre losen Förderkurse in einen geschlossenen Kursus mit Abschlussprüfung um, erlangte aber zunächst keine besonderen Berechtigungen. Ähnliche Kurse wurden 1893 in Göttingen angeboten.

Währenddessen hatten sich 1890 die Lehrerinnen zum Allgemeinen Deutschen Lehrerinnenverein zusammengeschlossen und vertraten die Forderungen der oben beschriebenen „Gelben Broschüre" ihrer Vorsitzenden Helene Lange. Im Jahr 1888 bildete sich der „Frauenverein Reform mit der einzigen Aufgabe, für das Frauenstudium und die Erschließung der Universität zu arbeiten".[442] Um die Zulassung zu den Universitäten zu erreichen, forderte er die Errichtung von Mädchengymnasien, die sich in Organisation und Lehrplan an dem humanistischen Gymnasium orientieren und mit einem entsprechenden Reifezeugnis abschließen sollten.[443] Noch in den Jahren 1888 und 1889 wurden die an sämtliche Universitäten gerichteten Petitionen um Zulassung der Frauen zum Universitätsstudium abgelehnt. Nur sehr langsam lockerte sich die ablehnende Haltung der Universitäten. In Berlin und Leipzig wurde Frauen unter der Voraussetzung, dass der jeweilige Dozent zustimmte, gewährt, als Gasthörerinnen an Oberlehrerkursen teilzunehmen. Bis 1892 blieben sie von der Prüfung für das Lehramt (pro facultate) ausgeschlossen, konnten aber dann mit entsprechenden Genehmigungen die Prüfung ablegen.[444]

Unter dem Druck der verschiedenen Organisationen und der Vielzahl von privaten Initiativen konnte der Staat nicht untätig bleiben. „1894 kommt es zum erstenmal zu einer positiven Auswirkung der Bemühungen der Frauen".[445]

3.5 Bestimmungen über das Mädchenschulwesen von 1894

Am 31. Mai 1894 erließ das Ministerium unter Dr. Bosse „Bestimmungen über das Mädchenschulwesen in Preußen". Sie definierten die öffentliche

---

[441] Vgl. Voss, 1952, S. 77; vgl. Heinsohn, 1996, S. 151.
[442] Voss, 1952, S. 77.
[443] Vgl. Glaser, 1996, S. 313.
[444] Vgl. Voss, 1952, S. 77.
[445] Voss, 1952, S. 78.

höhere Mädchenschule als eine Anstalt mit neun Jahreskursen und zwei Fremdsprachen, hielten aber daran fest, dass in diesen Schulen „Berechtigungen bestimmter Art, welche für den künftigen Lebensgang von entscheidender Bedeutung wären, nicht erworben werden"[446] könnten. Das wichtigste Ziel dieser Schulen blieb vielmehr die Erziehung zu „echter Weiblichkeit", welches durch die Stärkung des Einflusses weiblicher Lehrkräfte, wie in der „Gelben Broschüre" gefordert, erreicht werden sollte. Die Zahl der Klassenlehrerinnen auf der Oberstufe sollte vermehrt, und jedem Direktor eine Lehrerin „als Gehülfin" an die Seite gestellt werden, die ihn „bei der Lösung der erziehlichen Aufgabe der Anstalt"[447] unterstützen sollte. In diesen Bestimmungen und der parallel erlassenen „Ordnung der Wissenschaftlichen Prüfung der Lehrerinnen", die nach erfolgreichen Fortbildungsbemühungen berufstätiger Lehrerinnen ein Testat in zwei Fächern vorsah, welches ihnen die Übernahme einer Planstelle als „Oberlehrerin" ermöglichte, zeigte sich ein Entgegenkommen der Regierung gegenüber Forderungen der bürgerlichen Frauenbewegung, wenngleich deren Zielvorstellungen weit über das Zugestandene hinausgingen.[448]

„Für die historische Einordnung der Regelungen von 1894 ist zentral, daß die Anerkennung der höheren Mädchenschule als höhere Schule im amtlichen Sinne nach wie vor unerfüllt blieb".[449]

3.6 Der Wandel der Haltung der preußischen Unterrichtsverwaltung – Die Mädchenschulkonferenz von 1906

Einen grundsätzlichen Wandel der Einstellung des Ministeriums bewirkte Stephan Waetzoldt, der 1899 als Referent für das Mädchenschulwesen in das Kultusministerium berufen wurde. Lehmann beschrieb ihn als einen Mann von genialer Vielseitigkeit, der unter den Verwaltungsbeamten des preußischen Kultusministeriums als ebenso fremdartig auffiel „wie etwa in einem größeren Maßstabe dereinst Wilhelm von Humboldt. Und wie dieser für die höheren Knabenschulen, so hätte Waetzold für das Mädchenbildungswesen ein Neubegründer großen Stils werden können, wenn ihm das Schicksal die Zeit dazu gegönnt hätte".[450] Angesichts der Schwierigkeiten, die in dieser Aufgabe selbst lagen, und der vielen Hindernissen, mit denen er zu kämpfen hatte, kam er über die Anfänge einer Neubegründung des

---

[446] Zeitschrift für weibliche Bildung in Schule und Haus, Jg. 22 (1894), zitiert nach Herrlitz / Hopf / Titze, 1993, S. 97.
[447] Zeitschrift für weibliche Bildung in Schule und Haus, Jg. 22 (1894), zitiert nach Herrlitz / Hopf / Titze, 1993, S. 97 f.
[448] Vgl. Matthes, 1997, S. 206.
[449] Matthes, 1997, S. 206.
[450] Lehmann, 1921, S. 778.

Mädchenschulwesens, in der er seine Lebensaufgabe sah, nicht hinaus. Aber es bleibt sein Verdienst, die Entwicklungen in der Mädchenbildung maßgeblich angestoßen zu haben, so dass nach seinem Tode im Jahr 1904 rasch weitere Fortschritte gemacht werden konnten.

Schon durch die Althoffsche Schulreform von 1901, die die Zulassung der Realschüler zur Universität erlaubte, wurden auch für die Mädchenschule die Möglichkeiten erweitert, zum Übergang an akademische Studien zu entlassen. Als Folge hiervon wandelte sich der größte Teil der bestehenden gymnasialen Vorbereitungskurse der Mädchenschule in realgymnasiale um, so dass sich das Realgymnasium „als die bevorzugte Form der weiblichen Gelehrtenschule"[451] durchsetzte. Entscheidender für die Gesamtentwicklung aber war, dass sich der „mächtige Ministerialdirektor"[452] Althoff selber, angeblich auf Wunsch der Kaiserin, der Mädchenbildungsfrage zuwandte. Er übernahm die Aufgabe der Neuordnung des höheren Mädchenschulwesens, obwohl das ganze Gebiet ressortmäßig nicht zu den Aufgaben der ersten Unterrichtsabteilung, deren Leiter er war, gehörte, sondern zu denen der zweiten Unterrichtsabteilung, deren Hauptaufgabe die Pflege des Volksschulwesens war. Formell ließ sich die Übertragung der Aufgabe an Althoff damit rechtfertigen, dass „das Ziel der Reform war, die höheren Mädchenschulen so umzugestalten, daß sie in die erste Unterrichtsabteilung überführt werden mußten".[453]

Althoff, so Marie Martin, „danken wir die Berufung der Januarkonferenz unter Zustimmung seines Ministers, ihm, daß dort Frauen vollwertig zugezogen wurden, ihm, daß die ganze Mädchenschulfrage auf völlig neue, zeitgemäße Grundlagen gestellt wurde".[454] Bei der Zusammensetzung der Konferenz, die am 25. und 26. Januar 1906 stattfand, „war es in der Tat gelungen, die ausgezeichnetsten und sachverständigsten Männer und Frauen zu vereinigen"[455], um über die leitenden Prinzipien der Neuorganisation

---

[451] Lehmann, 1921, S. 778.
[452] Lehmann, 1921, S. 778.
[453] Sachse, 1928, S. 345.
[454] Martin, zitiert nach Sachse, 1928, S. 351.
Die Oberlehrerin Marie Martin hatte eine besondere Bedeutung für den Kampf der Frauen um eine gleichberechtigte Bildung. Es sei wesentlich ihrem Einfluss auf die Kaiserin Auguste Viktoria zuzuschreiben, so Sachse, dass sich „die Kaiserin nach einem Manne umsah, der imstande war, die von ihr nach gründlichen Erörterungen als richtig erkannten Forderungen" der Frauenbewegung durchzusetzen. „Dazu gehörte ein starker Mann. Und das konnte niemand anders sein als Althoff" (s. Sachse, 1928, S. 342).
[455] Sachse, 1928, S. 348.

des Mädchenschulwesens zu beraten. Der Regierung kam es vor allem darauf an, zu verhindern, dass die höhere Töchterschule durch ihre Vorbereitung auf das Abiturientenexamen den Bildungsbedürfnissen der Allgemeinheit nicht entsprechen, sondern sie „in eine einseitige Richtung"[456], nämlich in gelehrte Studien und Berufe, hineindrängen würde. Sie fürchtete offensichtlich den dadurch entstehenden übermäßigen Zulauf zu den gelehrten Studien und Berufen und sprach sich so gegen eine Angleichung der höheren Mädchenschulen an die neunklassigen Anstalten der Knaben aus. Stattdessen befürwortete Althoff einen vierjährigen Aufbaukursus, der sich an die zehnjährige höhere Töchterschule anschließen sollte. Diese Regelung widerstrebte den Führerinnen der Frauenbewegung, an ihrer Spitze Helene Lange, die für eine Angleichung der Mädchenbildung an die Knabenbildung eintraten. Außerdem wiesen sie auf die Benachteiligung durch den zwei Jahre längeren – 14 jährigen – Gesamtkursus der Mädchen im Vergleich zu dem der Jungen hin. Schon im Vorfeld der Konferenz hatten sich die Vertreterinnen und Vertreter des Prinzips des Aufbaukursus mit denen, die für eine Gabelung in den Töchterschulen mit einer Abzweigung zum Mädchengymnasium – nach dem Vorbild der Reformanstalten – eintraten, heftig befehdet. Während nun zunächst die Befürworter des Aufbaukursus siegten, kämpften die Führerinnen für das Prinzip der Gabelung verstärkt weiter. Durch Veröffentlichungen von entsprechenden Artikeln in der Presse und Vereinsbeschlüssen fruchteten ihre Bemühungen endlich. „Die Unterrichtsverwaltung hatte erkannt, daß es gegenüber der von sämtlichen großen Lehrerinnen- und Frauenorganisationen vertretenen Auffassung, daß der Aufbau der höheren Mädchenschule dem der höheren Knabenschule analog sein müsse, also eine frühere Gabelung unvermeidlich sei, nicht angängig sei, an dem Aufbaugrundsatz festzuhalten".[457]

3.7 Die Neuordnung des Mädchenschulwesens von 1908

Die Neuorganisation des Mädchenschulwesens nach dem Prinzip des gemeinsamen Unterbaus und dem System der Reformanstalten wurde durch eine Verfügung des Ministers Holle, der Studt 1907 abgelöst hatte, anderthalb Jahre nach der Januarkonferenz begründet. Am 18. August 1908 erließ er die „Bestimmungen über die Neuordnung des höheren Mädchenschulwesens" mit einem Anhang betreffend die „Zulassung der Frauen zum

---

Unter anderen nahmen Gertrude Bäumer, Marie Martin und Helene Lange sowie die Univ.-Professoren Adolf von Harnack, Wilhelm Lexis und Friedrich Paulsen teil (vgl. Sachse, 1928, S. 348 f.).
[456] Lehmann, 1921, S. 779.
[457] Sachse, 1928, S. 352.

Universitätsstudium"[458], in dem „die Zulassung von weiblichen Abiturienten zur Immatrikulation allgemein ausgesprochen wurde".[459] Die zugehörigen Ausführungsbestimmungen folgten am 12. September des gleichen Jahres.

Die höhere Mädchenschule hatte von da an insgesamt einen zehnjährigen Kursus, wobei die ersten sieben Klassen den gemeinsamen Unterbau nach dem Vorbild des sechsklassigen Unterbaus der Reformanstalten bildeten. Nach dem siebten Jahr gabelte sich die Anstalt. Sie führte in sechs weiteren Jahren in der sogenannten Studienanstalt zur Reifeprüfung und entsprach somit der oberen Hälfte des humanistischen Gymnasiums und des Realgymnasiums. Die Kurse für die Mädchen-Oberrealschule begannen hingegen erst mit der neunten Klasse und dauerten fünf Jahre. Das Prinzip des Aufbaus wurde nicht völlig aufgegeben, „sondern nach einer anderen Richtung verwendet".[460] Auf die zehnjährige höhere Mädchenschule wurde das sogenannte Lyzeum[461] aufgesetzt, welches sich wiederum in zwei Richtungen gabelte. Zum einen in eine zweijährige „Frauenschule", durch die in wahlfreien Kursen die allgemeine und auch die praktische Bildung der Mädchen ergänzt werden konnte, und zum anderen in das vierjährige höhere Lehrerinnenseminar, das mit seinen drei wissenschaftlichen Klassen und der einjährigen Seminarklasse für die praktische Ausbildung der Berufsbildung für Lehrerinnen an der Unter- und Mittelschule höherer Mädchenschulen diente.[462]

Die oben erwähnten Ausführungsbestimmungen enthielten ausführliche und sorgfältig durchdachte Lehrpläne. Durch das gemeinsame Ziel des Abiturientenexamens waren die Lehrpläne der Studienanstalten von Anfang an sehr eng an die Lehrpensen und Organisation der neunklassigen Knabenanstalten gebunden. Daher schlossen sich die Vorschriften sehr eng,

---
[458] In Auszügen abgedruckt in: Beier, 1909, S. 505 ff.
[459] Lehmann, 1921, S. 779.
Schon acht Jahre zuvor, am 28. Februar 1900, erlaubte Baden als erster Bundesstaat die versuchs- und probeweise Zulassung von Frauen zur Immatrikulation an den Landesuniversitäten Heidelberg und Freiburg (vgl. Ehrich, 1996, S. 137).
[460] Lehmann, 1921, S. 779.
[461] In der Literatur wird die Bezeichnung „Lyzeum" nicht einheitlich verwendet. Während Lehmann, Sachse und Ehrich die zehnklassige höhere Mädchenschule als Lyzeum, und den zwei- bzw. vierjährigen Aufbau als Oberlyzeum bezeichnen, verwenden Herrlitz / Hopf / Titze, Matthes und Reble den Begriff Lyzeum nur für den Aufbau auf der höheren Mädchenschule. In den „Bestimmung über die Neuordnung des höheren Mädchenschulwesens vom 18. August 1908" wurde nur der Aufbau als Lyzeum tituliert (zur unterschiedlichen Verwendung des Begriffs vgl. Lehmann, 1921, S. 779; Sachse, 1928, S. 353; Ehrich, 1996, S. 123 f.; Herrlitz / Hopf / Titze, 1993, S. 102; Matthes, 1997, S. 207; Reble, 1999, S. 319).
[462] Vgl. Ehrich, 1996, S. 132 f.

teilweise wörtlich, an die oben skizzierte Lehrordnung von 1901 an. Allerdings wurde die Annäherung des Gymnasial- und Realgymnasialkursus beträchtlich weiter geführt als in den Knabenreformanstalten. So stimmten ihre Lehrpläne in den beiden ersten Jahren völlig überein, und im Lateinischen war der Unterricht während der ganzen Laufbahn in Umfang und Inhalt identisch. Im Gegensatz zum Griechischen wurde die Lektüre im Lateinischen bis ins Detail festgelegt, wobei ganz im Sinne der Lehrpläne von 1901 betont wurde, „daß diese Weisungen keinen bindenden Charakter tragen, sondern nur Anhaltspunkte geben sollen".[463] Im Deutschunterricht sollte neben dem Verständnis der Meisterwerke auch eine allmähliche Herausarbeitung des Überblicks über den geschichtlichen Zusammenhang mit einem Schwerpunkt auf die nachklassische Zeit angestrebt werden. Als besonderen Vorzug für die Studienanstalten, so Lehmann, wurde die philosophische Propädeutik für die beiden oberen Klassen verbindlich eingeführt.[464]

1910 wurde schließlich die „Ordnung für die Reifeprüfung an den Studienanstalten" veröffentlicht, und im Januar 1911 folgten die Bestimmungen über die Lehramtsprüfung an den Lyzeen. Am 3. April 1911 wurde durch einen Ministerialerlass auch den Abiturientinnen der Lyzeen, also denjenigen, welche die Lehramtsprüfung bestanden hatten, nach einer zweijährigen praktischen Tätigkeit der Weg zur Universität und zur Oberlehrerprüfung eröffnet, so dass nun den Mädchen neben der Oberrealschule, dem Realgymnasium und dem Gymnasium ein „vierter Weg" zur Universität offen stand.[465]

---

[463] Lehmann, 1921, S. 780.
[464] Vgl. Lehmann, 1921, S. 780.
[465] Vgl. Lehmann, 1921, S. 781.

4. Schlussbetrachtung

Friedrich Paulsen, von dem hier schon mehrfach gesprochen wurde, und dessen „Geschichte des gelehrten Unterrichts" eine der wichtigsten Grundlagen für diese Arbeit bildet, blickte auf den Schulstreit des 19. Jahrhunderts mit feinem Spott zurück: „Man wird – in künftigen Tagen – kaum verstehen, wie dasselbe Jahrhundert, das die Emanzipation der modernen Wissenschaft und Philosophie von der aristotelisch-scholastischen vollendete und die lateinische Schulsprache als Sprache der Wissenschaft definitiv abschaffte, das eine Philosophie und Literatur in der eigenen Sprache von unvergänglichem Wert schuf, mit solcher Hartnäckigkeit an einer Ordnung des Bildungswesens festhalten konnte, die von der Universität und dem wissenschaftlichen Studium jeden ausschloß, der sich nicht zuvor über die Fähigkeit ausgewiesen hatte, einen lateinischen Abiturientenaufsatz zu schreiben und einen griechischen Text, wenn nicht zu lesen, so doch – mit Nachhilfe zu übersetzen".[466] Die Bildungsgeschichte zeigt, dass Fortschritte im Schulwesen immer nur geringfügig waren und gegen Interessengruppen mühsam und zäh errungen werden mussten.

Heute, hundert Jahre nach der Gleichberechtigung der realistischen Anstalten und dem Einzug der Mädchen in die Universitäten von Heidelberg und Freiburg sind reine Mädchenschulen und Anstalten mit ausgesprochen humanistischem Charakter eine Ausnahme in der deutschen Schullandschaft. Das Bildungsdefizit der Mädchen Anfang des 20. Jahrhundert wurde seit der (schleichenden) Durchsetzung der Koedukation in den 60er und 70er Jahren mehr und mehr aufgeholt, und im ausklingenden Jahrtausend übertreffen die Erfolgsquoten der Mädchen die der Jungen im allgemeinbildenden Schulsystem. Reduziert man die humanistische Schulbildung nicht auf die alten Sprachen Griechisch und Latein, die im gymnasialen Unterricht meist nur den Status von Wahlfächern haben und so eine untergeordnete Rolle einnehmen, sondern versteht humanistische Bildung als die ganzheitliche Ausbildung der Kräfte und Fähigkeiten sowie die Persönlichkeitsentwicklung des Menschen, so hat Humboldts Forderung, die Kinder und Jugendlichen unter humanen und universalen Gesichtspunkten zu unterrichten und zu erziehen, nicht an Aktualität verloren. In Anbetracht einer wachsenden Menge des Wissensstoffes, die in den Schulen, als allgemeinbildende Anstalten, zu einer zunehmenden Spezialisierung und Beziehungslosigkeit der Fächer untereinander geführt hat, mag die Diskussion über die Frage, welchen Beitrag die einzelnen Fächer zur Allgemeinbildung leisten, von Nutzen sein. Wilhelm von Humboldt hat in seinen

---

[466] Paulsen, zitiert nach Blättner, 1960, S. 236 f.

Bildungstheorien die Freiheit und Individualität eines jeden Menschen betont, hat aber gleichzeitig immer wieder darauf hingewiesen, dass Freiheit auch Verantwortung bedeutet und jeder Mensch seinen Beitrag zu einer humanen Gesellschaft leisten muss. Eine Rückbesinnung der Schulen, als Erziehungsinstitutionen, auf die Erziehungs- und Bildungsgedanken Humboldts mag vor dem Hintergrund zunehmender bedenklicher Verhaltensweisen der Schüler, wie zum Beispiel mangelndes Solidaritätsbewusstsein, unsoziales Verhalten und Gewaltanwendung, hilfreiche Denkanstöße liefern.

5. Literaturverzeichnis

Allen, Ann Taylor: „Geistige Mütterlichkeit" als Bildungsprinzip. Die Kindergartenbewegung 1840–1870; in: Kleinau, Elke / Opitz, Claudia (Hg.): Geschichte der Mädchen- und Frauenbildung. Bd. 2: Vom Vormärz bis zur Gegenwart. Frankfurt/M. und New York 1996, S.19-34.

Apel, Hans-Jürgen: Das preußische Gymnasium in den Rheinlanden und Westfalen 1814–1848. Die Modernisierung der traditionellen Gelehrtenschulen durch die preußische Unterrichtsverwaltung. (Studien und Dokumentationen zur deutschen Bildungsgeschichte, Bd. 25). Köln und Wien 1984.

Bäumer, Gertrud: Das Mädchenschulwesen; in: Lexis, Wilhelm (Hg.): Das Unterrichtswesen im Deutschen Reich. Aus Anlaß der Weltausstellung in St. Louis unter Mitwirkung zahlreicher Fachmänner herausgegeben, Bd. II: Die höheren Lehranstalten und das Mädchenschulwesen. Berlin 1904, S. 237-426.

Baumgart, Franzjörg: Zwischen Reform und Reaktion. Preußische Schulpolitik 1806–1859. Darmstadt 1990.

Beier, Adolf: Die höheren Schulen in Preußen (für die männliche Jugend) und ihre Lehrer. Sammlung der hierauf bezüglichen Gesetze, Verordnungen, Verfügungen und Erlasse nach amtlichen Quellen. Halle a. d. S. 1909.

Berg, Christa (Hg.): Handbuch der deutschen Bildungsgeschichte. Bd. IV: 1870–1918. Von der Reichsgründung bis zum Ersten Weltkrieg. München 1991.

Blättner, Fritz: Das Gymnasium. Aufgaben der höheren Schule in Geschichte und Gegenwart. Heidelberg 1960.

Blankertz, Herwig: Bildung im Zeitalter der großen Industrie. Pädagogik, Schule und Berufsbildung im 19. Jahrhundert. Bühl / Baden 1969.

Blankertz, Herwig: Die Geschichte der Pädagogik. Von der Aufklärung bis zur Gegenwart. Wetzlar 1982.

Dietrich, Theo: Geschichte der Pädagogik in Beispielen. 18.–20. Jahrhundert. Bad Heilbrunn 1970.

Ehrich, Karin: Stationen der Mädchenschulreform. Ein Ländervergleich; in: Kleinau, Elke / Opitz, Claudia (Hg.): Geschichte der Mädchen- und Frauenbildung. Bd. 2: Vom Vormärz bis zur Gegenwart. Frankfurt/M. und New York 1996, S. 129-148.

Flitner, Andreas / Giel, Klaus (Hg.): Wilhelm von Humboldt. Werke in fünf Bänden. Band IV: Schriften zur Politik und zum Bildungswesen. Darmstadt / Stuttgart 1964.

Giese, Gerhardt: Quellen zur deutschen Schulgeschichte seit 1800. Göttingen 1961.
Glaser, Edith: Die erste Studentinnengeneration - ohne Berufsperspektiven? In: Kleinau, Elke / Opitz, Claudia (Hg.): Geschichte der Mädchen- und Frauenbildung. Bd. 2: Vom Vormärz bis zur Gegenwart. Frankfurt/M. und New York 1996, S. 310-324.
Glöckner, Eckhard: Zur Schulreform im preußischen Imperialismus. Preußische Schul- und Bildungspolitik im Spannungsfeld der Schulkonferenzen von 1890, 1900 und 1920. Glashütten im Taunus 1976.
Gloege, Georg (Hg.): Wilhelm von Humboldt und die Reformversuche der preußischen Unterrichtsverwaltung. Bielefeld und Leipzig 1921.
Hamann, Bruno: Geschichte des Schulwesens. Werden und Wandel der Schule im ideen- und sozialgeschichtlichen Zusammenhang. Bad Heilbrunn 1993.
Heinsohn, Kirsten: Der lange Weg zum Abitur: Gymnasialklassen als Selbsthilfeprojekte der Frauenbewegung; in: Kleinau, Elke / Opitz, Claudia (Hg.): Geschichte der Mädchen- und Frauenbildung. Bd. 2: Vom Vormärz bis zur Gegenwart. Frankfurt/M. und New York 1996, S.149-160.
Herrlitz, Hans-Georg / Hopf, Wulf / Titze, Hartmut: Deutsche Schulgeschichte von 1800 bis zur Gegenwart. Eine Einführung. Weinheim und München 1993.
Herrmann, Ulrich (Hg.): Schule und Gesellschaft im 19. Jahrhundert. Sozialgeschichte der Schule im Übergang zur Industriegesellschaft. Weinheim und Basel 1977.
Hübner, Ulrich: Wilhelm von Humboldt und die Bildungspolitik. Eine Untersuchung zum Humboldt-Bild als Prolegomena zu einer Theorie der Historischen Pädagogik. München 1983.
Jeismann, Karl-Ernst: Das preußische Gymnasium in Staat und Gesellschaft. Die Entstehung des Gymnasiums als Schule des Staates und der Gebildeten, 1787-1817. Stuttgart 1974.
Jeismann, Karl-Ernst (Hg.): Bildung, Staat, Gesellschaft im 19. Jahrhundert. Mobilisierung und Disziplinierung. Nassauer Gespräche der Freiherr-Vom-Stein-Gesellschaft. Bd. 2, Stuttgart 1989.
Jeismann, Karl-Ernst: Das preußische Gymnasium in Staat und Gesellschaft. Höhere Bildung zwischen Reform und Reaktion 1817 - 1859. Bd. 2, Stuttgart 1996.
Jeismann, Karl-Enst / Lundgreen, Peter (Hg.): Handbuch der deutschen Bildungsgeschichte. Bd. III: 1800-1870. Von der Neuordnung Deutschlands bis zur Gründung des Deutschen Reiches. München 1987.

Kleinau, Elke / Opitz, Claudia (Hg.): Geschichte der Mädchen- und Frauenbildung. Bd. 2: Vom Vormärz bis zur Gegenwart. Frankfurt/M. und New York 1996.
Kleinau, Elke: Gleichheit oder Differenz? Theorien zur höheren Mädchenbildung; in: Kleinau, Elke / Opitz, Claudia (Hg.): Geschichte der Mädchen- und Frauenbildung. Bd. 2: Vom Vormärz bis zur Gegenwart. Frankfurt/M. und New York 1996, S. 113-128.
Kraul, Margret: Das deutsche Gymnasium 1780 - 1980. Frankfurt/M. 1984.
Lehmann, Rudolf: Lehrpläne und Lehrbetrieb; in: Lexis, Wilhelm (Hg.): Das Unterrichtswesen im Deutschen Reich. Aus Anlaß der Weltausstellung in St. Louis unter Mitwirkung zahlreicher Fachmänner herausgegeben, Bd. II: Die höheren Lehranstalten und das Mädchenschulwesen. Berlin 1904, S. 57-153.
Lehmann, Rudolf: Der gelehrte Unterricht bis zum Weltkrieg. 1892 - 1914. In: Paulsen, Friedrich: Geschichte des gelehrten Unterrichts auf den deutschen Schulen und Universitäten vom Ausgang des Mittelalters bis zur Gegenwart. Bd. 2, 3. Aufl., hrsg. von Rudolf Lehmann. Berlin und Leipzig 1921, S. 693-797.
Lexis, Wilhelm (Hg.): Das Unterrichtswesen im Deutschen Reich. Aus Anlaß der Weltausstellung in St. Louis unter Mitwirkung zahlreicher Fachmänner herausgegeben, Bd. II: Die höheren Lehranstalten und das Mädchenschulwesen. Berlin 1904.
Libau, Eckart / Mack, Wolfgang / Scheilke, Christoph Thomas (Hg.): Das Gymnasium. Alltag, Reform, Geschichte, Theorie. Weinheim und München 1997.
Locke, John: Ein Brief über Toleranz. Übersetzt, eingeleitet und in Anmerkungen erläutert von Julius Ebbinghaus. Hamburg 1957.
Lohbeck, Lucas: Das höhere Schulwesen in Nordrhein-Westfalen – 1945/1946 bis 1958. Frankfurt am Main 2004.
Mast, Peter: Preussische Schulreform zwischen politischer Restauration und wirtschaftlicher Notwendigkeit 1817–1837. Zur Bildungspolitik unter Minister von Altenstein und Johannes Schulze. In: Jeismann, Karl-Ernst (Hg.): Bildung, Staat, Gesellschaft im 19. Jahrhundert. Mobilisierung und Disziplinierung. Nassauer Gespräche der Freiherr-Vom-Stein-Gesellschaft. Bd. 2, Stuttgart 1989, S. 128-143.
Matthes, Eva: „Kampfzeiten". Der Weg der Mädchen zur gymnasialen Bildung; in: Libau, Eckart / Mack, Wolfgang / Scheilke, Christoph Th. (Hg.): Das Gymnasium. Alltag, Reform, Geschichte, Theorie. Weinheim und München 1997, S. 203-217.

Menze, Clemens: Die Bildungsreform Wilhelm von Humboldts. Hannover (u.a.) 1975 (Das Bildungsproblem in der Geschichte des europäischen Erziehungsdenkens, Bd. XIII).

Michael, Berthold / Schepp, Heinz-Hermann (Hg.): Die Schule in Staat und Gesellschaft. Dokumente zur deutschen Schulgeschichte im 19. und 20. Jahrhundert. Göttingen und Zürich 1993.

Müller, Karl (Hg.): Gymnasiale Bildung. Texte zur Geschichte und Theorie seit Wilhelm von Humboldt. Heidelberg 1968.

O'Boyle, Lenore: Klassische Bildung und soziale Struktur in Deutschland zwischen 1800 und 1848; in: Herrmann, Ulrich (Hg.): Schule und Gesellschaft im 19. Jahrhundert. Sozialgeschichte der Schule im Übergang zur Industriegesellschaft. Weinheim und Basel 1977, S. 19-43.

Paulsen, Friedrich: Das deutsche Bildungswesen in seiner geschichtlichen Entwicklung. 3. Aufl., Leipzig 1912.

Paulsen, Friedrich: Geschichte des gelehrten Unterrichts auf den deutschen Schulen und Universitäten vom Ausgang des Mittelalters bis zur Gegenwart. Bd. 2, 3. Aufl., hrsg. von Rudolf Lehmann. Berlin und Leipzig 1921.

Reble, Albert: Geschichte der Pädagogik. 19. Aufl., Stuttgart 1999.

Reble, Albert (Hg.): Zur Geschichte der höheren Schule. Bd. II. Bad Heilbrunn 1975.

Rethwisch, Conrad: Deutschlands höheres Schulwesen im neunzehnten Jahrhundert. Geschichtlicher Überblick. Im Auftrag des Königl. Preußischen Ministeriums der geistlichen, Unterrichts- und Medizinal-Angelegenheiten. Mit amtlichen Nachweisungen über den Besuch der höheren Lehranstalten des Deutschen Reiches. Berlin 1893.

Rethwisch, Conrad: Die Grundzüge der Verfassung des höheren Schulwesens in Deutschland, in: Lexis, Wilhelm (Hg.): Das Unterrichtswesen im Deutschen Reich. Aus Anlaß der Weltausstellung in St. Louis unter Mitwirkung zahlreicher Fachmänner herausgegeben, Bd. II: Die höheren Lehranstalten und das Mädchenschulwesen. Berlin 1904, S. 3-64.

Roessler, Wilhelm: Die Entstehung des modernen Erziehungswesens in Deutschland. Stuttgart 1961.

Röhrs, Hermann (Hg.): Das Gymnasium in Geschichte und Gegenwart. Frankfurt/M. 1969.

Rönne, Ludwig von: Das Unterrichts-Wesen des Preußischen Staates. 2 Bände. Berlin 1855.

Sachse, Arnold: Friedrich Althoff und sein Werk. Berlin 1928.

Schmid, Karl Adolf: Geschichte der Erziehung vom Anfang an bis auf unsere Zeit. Bearb. in Gemeinschaft mit einer Anzahl von Gelehrten und Schulmännern von K. A. Schmid, fortgef. von Georg Schmid, Bd. 5, Abt. 1; Bd. 5, Abt. 2. Stuttgart 1901.

Schmitz, Klaus: Geschichte der Schule. Ein Grundriß ihrer historischen Entwicklung und ihrer künftigen Perspektiven. Stuttgart (u.a.) 1980.

Spranger, Eduard: Fünfundzwanzig Jahre deutscher Erziehungspolitik. Berlin 1916.

Spranger, Eduard: Wilhelm von Humboldt und die Reform des Bildungswesens. Tübingen 1960.

Tenorth, Heinz-Elmar: Geschichte der Erziehung. Einführung in die Grundzüge ihrer neuzeitlichen Entwicklung. Weinheim und München 1988.

Tews, Johannes: Ein Jahrhundert preußischer Schulgeschichte. Volksschule und Volksschul-lehrerstand in Preußen im 19. und 20. Jahrhundert. Leipzig 1914.

Voss, Ludwig: Geschichte der höheren Mädchenschule. Allgemeine Schulentwicklung in Deutschland und Geschichte der höheren Mädchenschulen Kölns. Opladen 1952.

Weiser, Johanna: Das preußische Schulwesen im 19. und 20. Jahrhundert: Ein Quellenbericht aus dem Geheimen Staatsarchiv Stiftung Preußischer Kulturbesitz. Köln 1996.

Wiese, Ludwig: Das höhere Schulwesen in Preußen. Historisch-statistische Darstellung, im Auftrag des Ministers der Geistlichen, Unterrichts- und Medicinal-Angelegenheiten herausgegeben, 4 Bde. (4. Band hrsg. von B. Irmer). Berlin 1864, 1869, 1874, 1902.

www.ingramcontent.com/pod-product-compliance
Lightning Source LLC
Chambersburg PA
CBHW030602020526
44112CB00048B/1184